LA BONNE PONCTUATION

«entre guillemets»
DUCULOT

BRIET Henri, *Savoir accorder l'adjectif*. Règles, exercices et corrigé

BRIET Henri, *Savoir accorder le verbe*. Règles, exercices et corrigé

CELLARD Jacques, *Les racines grecques du vocabulaire français.* 3e édition

CELLARD Jacques, *Le subjonctif*. Comment l'écrire, quand l'employer ?

COLIGNON Jean-Pierre, BERTHIER Pierre-Valentin, *La pratique du style.* Simplicité, précision, harmonie

COLIGNON Jean-Pierre, BERTHIER Pierre-Valentin, *Pièges du langage*

DOPPAGNE Albert, *La bonne ponctuation.* 3e édition Clarté, efficacité et précision de l'écrit

DOPPAGNE Albert, *Majuscules, abréviations, symboles et sigles.* 3e édition Pour une toilette parfaite du texte

GODIVEAU Roland, *1000 difficultés courantes du français parlé*. 3e édition

GREVISSE, *Savoir accorder le participe passé*. Règles, exercices et corrigé.

GREVISSE, *La force de l'orthographe.* 3e édition revue et corrigée. 300 dictées progressives commentées

GREVISSE, *Quelle préposition* ?

THYRION Francine, *La dissertation*. Du lieu commun au texte de réflexion personnelle

WARNANT Léon, *Orthographe et prononciation en français*

LA BONNE PONCTUATION

Clarté, efficacité et précision de l'écrit

• Albert Doppagne •

3e édition

«entre guillemets»
DUCULOT

3e édition 1998
2e tirage 1998

Imprimé en Belgique

D 1998/0035/6

ISBN 2-8011-1197-X

INTRODUCTION

ILYALONGTEMPSQUEVOUSETESICIDIXSEPTANSILATTEND POURQUOILEVOYAGEURDETAILLELEVISAGELESYEUXDEJAL ASSESPRESDESTEMPESLESCHEVEUXGRISLHOMMEREGARD ESIMPATIENTE

— Ça va ?

— Au diable ce grimoire! pensez-vous.

Et pourtant, c'est le premier stade de l'écriture : on avait inventé les lettres, mais sans en trouver le meilleur mode d'emploi.

À un deuxième stade, avec la ponctuation primitive, celle qui consistait à séparer les mots par un point, cela aurait donné : Il.y.a.longtemps.que.vous.etes.ici.dix.sept.ans.il.attend.pourquoi.le.voyageur.detaille.le.visage.les.yeux.deja.lasses.pres.des.tempes.les.cheveux.gris. l.homme.regarde.s.impatiente

Êtes-vous satisfait ?

Il reste des obscurités, des imprécisions!

Le travail serait encore considérable avant d'en arriver, si tant est que vous y arriviez, à la forme que l'auteur (M. DURAS) a voulu donner à son texte :

— Il y a longtemps que vous êtes ici ?

— Dix-sept ans — il attend — pourquoi ?

Le voyageur détaille le visage : les yeux clairs déjà lassés, près des tempes les cheveux gris. L'homme regardé s'impatiente.

Cette expérience répond à la question «À quoi sert la ponctuation ?»

On le voit, c'est la ponctuation qui apporte la lumière, permet la certitude et la précision du message.

Or la langue, spécialement la langue écrite, est le support de la science, de la communication scientifique : la raison me paraît suffisante pour que nous apprenions en détail ce code particulier qu'est la ponctuation.

Les signes de ponctuation tels que nous les connaissons et les employons aujourd'hui sont des apports successifs dont l'usage se précise surtout à partir de la découverte de l'imprimerie. Il faut attendre le XVIIIe siècle pour que le français dispose de signes et de règles qui préfigurent avec quelque précision ce que nous avons à notre disposition aujourd'hui. Mais aujourd'hui encore, la ponctuation évolue, et dans son matériel et dans sa pratique.

Parallèlement ont apparu des signes qui pouvaient affecter certaines lettres : les accents et la cédille; on a élaboré des règles pour l'emploi des majuscules : le tout dans la même perspective de plus de clarté et de plus de facilité pour le décryptage du message écrit.

La bonne connaissance pratique de ce code fait gagner un temps considérable et assure la transmission du message.

Il est difficile de classer de façon satisfaisante les signes de ponctuation. Ou bien on considère leur fonction sur le plan oral, ou bien leur rôle sur le plan grammatical.

En fait, tout signe de ponctuation peut avoir une valeur mélodique : indiquer une inflexion de la voix qui signifie que le message se coupe mais n'est pas terminé, que le message ou une partie du message prend fin.

Mais il reste pourtant que certains signes sont plus particulièrement affectés à une *mission pausale,* d'autres à une *mission mélodique*. D'autres sont prévus pour marquer, dans le discours, l'insertion de mots ou de passages plus ou moins longs; nous les désignerons par l'expression *signes d'insertion* que nous préférons à celle de *signes de décalage* que d'autres théoriciens ont adoptée.

Enfin, une quatrième catégorie de signes est destinée à donner un avertissement quelconque au lecteur : indiquer une abréviation, signaler le commencement d'une nouvelle partie, renvoyer à une note, donner des indications sur la nature d'un mot. Pour les signes de cette nature nous avons prévu l'appellation de *signes d'appel* : ils appellent effectivement l'attention du lecteur sur quelque particularité.

C'est ainsi que notre matière sera distribuée avec le moins de répétitions et de chevauchements, avec un maximum de systématique et, nous le souhaitons, de clarté, en quatre grandes parties :

I. Les *signes pausaux* (le point, la virgule, le point-virgule, le tiret, la pause);

II. Les *signes mélodiques* (le point d'interrogation, le point d'exclamation, les points de suspension, les deux points, le trait);

III. Les *signes d'insertion* (les parenthèses, les diverses sortes de crochets, les tirets, les guillemets, les virgules, les barres);

IV. Les *signes d'appel* (le paragraphe, l'alinéa, l'appel de note, l'astérisque, le tiret, le point abréviatif, les points, les barres, les pieds de mouche et quelques autres).

Nous avons volontairement écarté de ce travail tout exemple ou tout usage qui ne soit pas du XXe siècle [1].

De même, toute pratique qui ne se trouverait que dans des œuvres poétiques a été délibérément négligée ou rejetée; la ponctuation en poésie devrait faire l'objet d'une étude particulière, et autrement délicate.

1. On trouvera en fin de volume, dans la *Bibliographie,* la mention des écrivains et des auteurs sollicités.

PREMIÈRE PARTIE

LES SIGNES PAUSAUX

I
LE POINT

Les deux signes fondamentaux de la ponctuation sont le point et la virgule. Le point est destiné à découper un texte en parties qui, dans une certaine mesure, se suffisent à elles-mêmes et forment des éléments que l'on nomme phrases.

Les virgules poursuivent cette besogne de division et créent, à l'intérieur des phrases, des segments plus petits.

Points et virgules, convenablement employés, apportent à un texte, une clarté qu'il n'aurait pas autrement.

Dans des lettres de personnes très peu instruites, mais sachant écrire, vous trouverez souvent un état brut du texte : pas de ponctuation, la phrase occupe tout le texte et ne s'arrête qu'à la signature.

Le discours oral spontané a souvent aussi cette forme continue.

Le *point,* mot de la famille de *ponctuer,* établit un premier stade de division. Mais qu'est-ce que la phrase et où placer les points ?

On a cru longtemps, on l'enseigne encore parfois, que la phrase doit nécessairement contenir au moins un verbe conjugué. Ce n'est là qu'une vérite relative, inspirée d'un académisme dépassé. Sans doute est-ce bien là ce qui s'observe dans la majorité des cas, mais les exceptions ont toujours existé et la tendance littéraire contemporaine les multiplie.

Nous connaissons des exemples anciens et traditionnels de phrases sans verbe : A *père avare, fils prodigue; Aux innocents les mains pleines; Noël au balcon, Pâques aux tisons; Jeux de mains, jeux de vilains...*

Nous trouvons régulièrement des phrases sans verbes dans diverses circonstances :

– dans les télégrammes et le style télégraphique :

> Mère décédée. Enterrement demain. Sentiments distingués.

CAMUS, *Théâtre, Récits,* p. 1125.

– dans les indications scéniques :

> Midi. La salle commune de l'auberge. Elle est propre et claire. Tout y est net. ID., *ib.,*p. 115.
>
> Ouverture musicale autour d'un thème sonore rappelant la sirène d'alerte. ID., *ib.,* p. 189.

– dans les notes, les annotations :

> Paraît trente-cinq ans. Taille moyenne. Les épaules fortes. Visage presque rectangulaire. Les yeux sombres et droits, mais les mâchoires saillantes. Le nez fort est régulier. Cheveux noirs coupés très courts. Id., *ib.,* p. 1238.

– dans la conversation, le dialogue, la littérature dramatique :

> STEVENS. — ... Et seule la vérité peut affronter l'injustice. La vérité, ou bien l'amour.
>
> TEMPLE. — L'amour! Oh mon Dieu! l'amour!
>
> STEVENS. — Appelez cela pitié si vous voulez. Ou courage. Ou honneur, ou simplement le droit au sommeil. ID., *ib.,* p. 849.

On a constaté, dans la prose contemporaine, une tendance stylistique, ou esthétique, à terminer un texte, ou une tranche de texte, par des éléments de phrases dont la forme ou le contenu renforcent l'impression.

> Et Rivière luttera aussi contre la mort, lorsqu'il rendra aux télégrammes leur plein sens, leur inquiétude aux équipes de veille et aux pilotes leur but dramatique. Lorsque la vie ranimera cette œuvre, comme le vent ranime un voilier, en mer. SAINT-EXUPÉRY, *Œuvres,* p. 130.
>
> Je combattrai pour l'Homme. Contre ses ennemis. Mais aussi contre moi-même. ID., *ib.,* p. 384.
>
> Les vaincus doivent se taire. Comme les graines. ID., *ib.,* p. 385.

Tout le monde n'est pas écrivain : il reste prudent de considérer qu'il y a phrase lorsque l'analyse nous révèle la présence d'un verbe ou, dans le cas de la phrase complexe, d'un verbe principal.

Il y a intérêt à ne pas faire de phrases trop longues. On pourra utilement se rappeler que des chefs-d'œuvre existent avec un style aussi simple que cet exemple :

> L'asile est à deux kilomètres du village. J'ai fait le chemin à pied. J'ai voulu voir maman tout de suite. Mais le concierge m'a dit qu'il fallait que je rencontre le directeur. Comme il était occupé, j'ai attendu un peu. Pendant tout ce temps, le concierge a parlé et ensuite, j'ai vu le directeur : il m'a reçu dans son bureau. C'était un petit vieux, avec la Légion d'honneur. Il m'a regardé de ses yeux clairs. CAMUS, *Théâtre, Récits,* (*L'Étranger*), p. 1126.

Au point, correspondra toujours dans le débit du lecteur ou de l'acteur, une pause de longueur variable déterminée par le contexte et les circonstances.

Le point termine tout texte : phrase, alinéa, paragraphe, chapitre, livre.

On ne met pas de point après un titre, un sous-titre.

On ne met pas de point après un nom propre, une raison sociale, sur un en-tête de lettre, sur une carte de visite, sur une enseigne.

Pour le point abréviatif, voir *Signes d'appel,* p. 101.

II
LA VIRGULE

Le nom de la virgule vient d'un diminutif latin de virga, *verge, baguette,* donc *bâtonnet.* On a nommé ainsi un petit trait qui devait servir à compléter les services rendus par le point.

De tous les signes de ponctuation, la virgule est peut-être le plus important, mais aussi le plus délicat à employer à bon escient. Il est des cas où la virgule n'est pas obligatoire et c'est ainsi que l'on distingue des auteurs qui ponctuent peu et d'autres davantage.

La littérature concernant la virgule et ses emplois est abondante : il est nécessaire, avant tout, de considérer l'esprit général de la ponctuation. Beaucoup de règles particulières en découlent directement et mieux vaut avoir compris le principe que de s'encombrer la mémoire de trop de détails.

La virgule est avant tout un signe qui marque la juxtaposition, la coordination : elle a donc pour effet d'établir une séparation relativement ténue entre différents termes. Ses deux usages principaux sont :

1) de détacher certains membres de la phrase ou du discours;
2) de séparer des termes de même fonction.

A. La virgule détache :

1. *Le vocatif,* qu'il soit

initial :

Monsieur Gide, ne l'écoutez pas. GIDE *Journal,* p. 331.

intercalé :

Voyons, Monsieur Gide, je vous demande... ID., *ib.,* p. 331.

ou terminal :

J'aime quand vous souriez, Abel.

LANOUX, *Quand la mer se retire,* p. 88.

2. L'apposé :

Bourg-Madame, porte de l'Espagne, ne doit qu'à la proximité de Puigcerda sa faveur. GIDE, *Journal,* p. 320.

3. Le complément en inversion :

l'objet direct :

Ce paragraphe, je le connais par coeur.

l'objet indirect :

À vous, je peux bien le dire...

le complément circonstanciel :

Dans la nef, des civils pleurent à chaudes larmes leur ville en ruines.

LANOUX, *Quand la mer se retire,* p. 223.

4. Le sujet en inversion :

Et qu'est-ce qu'elle raconte, votre pièce ? GIDE, *Journal,* p. 333.

5. La subordonnée placée devant la principale :

Au moment que l'on voudrait parler, la voix manque et, lorsqu'elle revient, on n'exprime que des souvenirs de pensées. ID., *ib.,* p. 885.

6. Le nom de lieu dans une date :

Bruxelles, le 29 juin 1977.

7. La vedette de la lettre :

Cher Monsieur,

et cette virgule commande normalement l'alinéa.

B. La virgule sépare des termes de même fonction :

1. Des sujets :

Les hommes, les femmes, les enfants, tous dormaient.

2. Des attributs :

Il est disert, fin, élégant. GIDE, *Journal,* p. 207.

3. *Des objets directs :*

J'objecte ma fatigue, mon besoin de travail. ID., *ib.,* p. 213.

4. *Des objets indirects :*

À vous, à lui, à tous, je veux crier la vérité.

5. *Des compléments circonstanciels :*

Ce matin, dès six heures, j'ai pu remettre en cage mon sansonnet. GIDE, *Journal,* p. 437.

6. *Des verbes :*

J'ai baigné, j'ai savonné mon pauvre chien. ID., *ib.,* p. 210.

7. *Des propositions :*

Je dors trop, fume trop, digère mal... ID., *ib., p.* 835.

8. *Des propositions elliptiques :*

Meilleure hygiène, meilleure santé, meilleur travail. ID., *ib.,* p. 436.

C. Emplois particuliers

I. *En cas d'ellipse*

La virgule peut servir à remplacer le ou les mots sous-entendus.

Vous possédez tout; moi, rien.

X. coupe les cheveux en quatre pour connaître mieux leur nature. Y., pour faire valoir sa subtilité. ID., *ib.,* p. 875.

Dans cet exemple, la virgule qui suit Y. représente *coupe les cheveux en quatre.*

II. *Avec les conjonctions*

1) *Avec* **et**

Des termes constituant une énumération sont séparés par une virgule; l'avant-dernier terme est généralement réuni au dernier par la conjonction *et* : la virgule n'est pas d'usage.

Paris, Londres et Bruxelles.

On trouve cependant la virgule devant *et :*

a. Lorsque, par figure de style, chaque terme est précédé de la conjonction :

Et la terre, et le fleuve, et leur flotte, et le port...

b. Lorsque la conjonction *et* marque, en plus d'une simple addition, une idée de conséquence, d'opposition, de surprise :

Je plie, et ne romps pas.

c. Lorsque les propositions coordonnées sont de sujets différents :

L'ennemi est aux portes de la ville, et vous délibérez! Le roi paraît, et les courtisans se taisent.

d. Lorsque le besoin d'une pause est manifeste :

L'exemple qui suit est cité pour la valeur du dernier *et* qu'il contient :

Et elle le savait bien, qu'aux images des rues romaines avec leurs jardins et leurs ruines, s'accrochait pour vous tout un rêve dont la puissance s'accroissait prodigieusement, le rêve de tout ce à quoi justement vous aviez renoncé à Paris, que Rome était pour vous le lieu de l'authenticité, que vous y aviez développé toute une partie de vous-même à laquelle elle n'avait point part, et c'était à cette lumière qu'elle désirait être introduite par vous.

BUTOR, *La Modification,* p. 148.

2) *Devant* **etc.,** malgré l'origine latine (et cetera, et les autres) on met la virgule :

Les livres, les revues, les journaux, etc.

3) *Avec* **ou** *:* on observera la même conduite que pour ***et.***

4) Avec **ni** :

Si la conjonction est employée deux fois, il y aura rarement de virgule :

Il ne croit ni à Dieu ni à Diable.

Ni Tarrou ni Rieux ne répondirent encore. CAMUS, *Théâtre, Récits,* p. 1387.

Au contraire, Si elle est répétée, la virgule sera présente :

Ni l'or, ni la puissance, ni la gloire...

5) *Avec* **mais :**

La conjonction *mais* peut être précédée ou suivie d'une virgule.

La virgule précède *mais* quand cette conjonction indique une restriction, une opposition :

J'avais commencé très allégrement, mais à mesure que j'avançais, ma voix se glaçait. GIDE, *Journal, Souvenirs,* p. 490.

La virgule que l'on peut trouver après *mais* indique, comme le feraient des points de suspension, un temps de réflexion, une hésitation :

Mais, j'y pense, êtes-vous marié ?

6) *Avec* **car :**

Généralement, *car* est précédé de la virgule (voire d'un autre signe pausal) lorsqu'il coordonne deux propositions d'une certaine longueur :

> Mon grand-père était mort depuis assez longtemps lorsque je vins au monde; mais ma mère l'avait pourtant connu, car je ne vins au monde que six ans après son mariage. GIDE, *Journal, Souvenirs,* p. 372.

7) *Avec* **donc :**

a. Pas de virgule quand il exprime l'ironie, l'interrogation, l'impatience, la mauvaise humeur :

> Regardez donc autour de vous. CAMUS, *Théâtre, Récits,* p. 1376.

b. La virgule peut se trouver devant :

> Je pense, donc je suis.

c. En début de phrase, *donc* peut être suivi d'une virgule lorsqu'on veut insister sur la notion de conclusion, souligner le raisonnement :

> Les lâches survivent. Donc, il faut bien reconnaître que leur lâcheté est justifiée. MONTHERLANT, *Essais,* p. 538.

8) *Avec* **certes :**

Certes est séparé par la virgule lorsqu'il se trouve en début ou en fin de phrase.

> Certes, je ne ferais pas cela, Je ne ferais pas cela, certes.

Pas de virgule lorsqu'il se trouve inclus dans le texte :

> Je ne le ferais certes pas.

9) **Eh bien,** malgré sa valeur interjective, se trouve de plus en plus suivi d'une simple virgule :

> Eh bien, que se passe-t-il ?
>
> Eh bien, Docteur, nous devons faire ce qui est prescrit. CAMUS, *Théâtre, Récits,* p. 1389.

10) Avec **enfin** :

Le mouvement de la phrase conseillera ou non la virgule :

> M. Élie partit enfin. MONTHERLANT, *Romans,* p. 861.
>
> Enfin il reçut un billet de Mélanie... ID., *Ib.,* p. 886.
>
> Enfin, vous voilà!
>
> Enfin, les pages de Tarrou se terminent sur un récit... CAMUS, *Théâtre, Récits,* p. 1379.

11) *Avec* **en effet,** locution synonyme de *effectivement,* on trouve assez régulièrement la virgule avant et après :

Tarrou rapporte, en effet, dans ses carnets le récit d'une visite... CAMUS, *Théâtre, Récits,* p. 1412.

12) Avec **aussi,** dans le Sens de *c 'est pourquoi, par conséquent,* on emploie régulièrement la virgule avant :

On me l'avait conseillé, aussi n'en fis-je rien.

13) *Avec* **cependant, néanmoins, pourtant,** c'est la longueur de la phrase qui décide. Dans une phrase longue, on aura tendance à mettre la virgule; dans une phrase courte, à s'abstenir.

Cependant Liège résiste toujours. GIDE, *Journal,* p. 459.

III
LE POINT-VIRGULE

Ce signe pausal, dit aussi *point et virgule,* tient à la fois du point et de la virgule mais ne doit pas être compris comme une addition des deux éléments qui le composent : il vaut moins que le point et plus que la virgule.

Le point-virgule est un outil précieux pour ceux qui jouent habilement des trois signes pausaux que sont le point, la virgule et le point-virgule.

1. Sa première mission est de **séparer des propositions** d'une certaine longueur, déjà ponctuées elles-mêmes de virgules. En voici un exemple :

    Sans doute tout n'est pas égal dans ce petit livre, encore que je n'en voulusse rien retrancher; mais les plus belles pages s'élèvent à une beauté si surprenante que l'on oublie le mal qu'on eut parfois à les atteindre. Il faut en prendre son parti avec ce prodigieux écrivain [Suarès] : il enthousiasme aussi naturellement qu'il rebute; il ne fait point effort pour se grandir, ni pour enfler sa voix, mais pas non plus pour se réduire ou se ramasser; la moindre pensée s'amplifie de tous les échos qu'elle éveille en sa grande âme caverneuse et parfois, longtemps après qu'elle a jeté son cri, Suarès continue encore de parler. Il n'est jamais à court. GIDE, *Journal,* p. 350.

    Voici le schéma de la ponctuation de ces trois phrases :
    [,; .] [:; , ,; , , .] [.].

    La valeur séparative du point-virgule y est bien mise en évidence.

2. Le point-virgule est souvent employé aussi pour **marquer le caractère indépendant de propositions juxtaposées :**

> Les pages les mieux réussies sont celles où il [Mirbeau] garde le mieux le ton et l'allure de la conversation; certaines, en ce sens, sont à peu près parfaites; cela ne s'élève jamais au-dessus. Il s'indigne et s'enthousiasme, on ne sait trop pourquoi mais sincèrement, je veux le croire, et comme un enfant, il aime se fâcher; c'est le meilleur de lui. Il écrit tout chaud, sans réfléchir; note ses tremblements comme on fait ceux d'un sismographe. GIDE, *Journal,* p. 255.

Plus encore dans ce passage :

> D'Annunzio, plus pincé, bridé, crispé, plus réduit, et aussi plus sémillant que jamais. L'œil est sans bonté, sans tendresse; la voix plus cajoleuse que vraiment caressante; la bouche moins gourmande que cruelle; le front assez beau. Rien en lui où le don le cède au génie. Moins de volonté que de calcul; peu de passion, ou de la froide. ID., *ib.,* p. 296.

3. Le point-virgule sert aussi à **ne pas consommer la rupture totale** entre des éléments que l'auteur veut vraiment réunir dans une même phrase :

> Le très aimable jeune officier allemand, étudiant l'histoire de l'art, ami d'Ernst Robert Curtius, que je retrouvais hier à la Rose de Sable, me disait qu'à Rome, où il commença son service militaire et fut retenu plus d'un an, les livres de la Pléiade sont si recherchés que les quelques rares libraires qui en possèdent encore en demandent jusqu'à deux mille francs (de notre monnaie); (cotés jusqu'à quatre et cinq mille francs à New-York [*sic*], m'écrivait Keeler Faus, au début de la guerre). Gide, *Journal, Souvenirs,* p. 212.

4. Dans les phrases longues de certains textes et documents administratifs, il est d'usage d'employer le point-virgule pour séparer les différents attendus.

Marque de séparation plus forte encore : le point-virgule commande l'alinéa.

Signalons en exemple le schéma d'un diplôme légal :

> Nous, président, secrétaire et membres du jury chargé par... de procéder aux examens de... ;
>
> Vu la loi du 21 mai 1929 sur la collation des grades académiques et le programme... ;
>
> Attendu que M. X.Y. né à... le... est porteur de... ;
>
> Attendu que l'intéressé a présenté une dissertation... et une thèse.... ;

Attendu que ces travaux ont été acceptés par le Jury;

Qu'ils ont été défendus avec... par... en séance publique tenue le... à...

Avons conféré et conférons à M. X.Y. le grade de...

5. Le point-virgule est la ponctuation normale des différents points d'une énumération.

Les signes pausaux dont nous devons parler sont :

- Le point;
- La virgule;
- Le point-virgule;
- Le tiret;
- La pause.

IV
LE TIRET

Rejeté par les uns, ou méprisé, admis avec embarras par d'autres théoriciens de la ponctuation, le tiret est sans doute le signe le plus délicat à traiter, le plus difficile à cerner par la variété des offices dont les auteurs le chargent.

Il est nécessaire, pour en traiter objectivement, de distinguer nettement :

le tiret, signe pausal;

le tiret, signe d'appel;

les tirets, signes d'insertion.

Tout en tenant compte, bien entendu, d'une valeur mélodique assurée dans certains cas.

Le tiret, signe pausal, est fréquent au XXe siècle. Sa valeur est supérieure à celle de la virgule mais, à l'inverse du point virgule qui sépare, le tiret affirme souvent une valeur de raccord ou de rappel.

1. Le tiret peut **annoncer une conclusion,** un trait final et se rapprocher par là des deux points :

> Un autre homme est debout devant la bibliothèque, un peu à l'écart, les mains dans les poches — une espèce de voyou. ROBBE GRILLET, *Les Gommes,* p. 206.
>
> — On ne va pas partir tout de suite, dit Jean; on est venus pour causer — pour causer affaires. *ID., Ib.,* p. 206.
>
> Jean saisit le premier objet qu'il trouve à sa portée : le lourd presse-papier [*sic*] aux angles vifs. Il le brandit — prêt à frapper. *ID., Ib.,* pp. 206-207.

Deux fois mariée, elle a donné le jour à dix-sept enfants, dont dix vivent encore — tous poitrinaires. GIDE, *Journal,* p. 474.

Pour avoir entendu, chez Darius Milhaud, Mlle X. enlever avec une extraordinaire assurance, nombre de pièces de Chabrier et de Debussy (en particulier les études) et (fort médiocrement ces dernières) de Chopin — je suis resté, découragé, sans plus oser rouvrir mon piano de douze jours. *ID., Ib.,* pp. 692-693.

Ce matin temps splendide — enfin. *ID., Ib.,* p. 623.

On peut noter assez souvent aussi une valeur adversative :

Hier, course à Saint-Germain où j'allais avec l'espoir de voir Maurice Denis — mais il ne reçoit plus le jeudi. *ID., Ib.,* p. 246.

... le temps fuit — et tout ce que j'ai à dire d'important reste à dire. *ID., Ib.,* p. 432.

Quelqu'un monte. Quelqu'un monte lentement — non : posément; peut-être avec circonspection ? ROBBE-GRILLET, *Les Gommes,* p. 99.

La présence, dans un texte très court, de tirets à trois valeurs différentes n'est pas sans danger d'équivoque :

— Cette plainte, c'est elle ?

— Oui — elle s'impatiente, vous comprenez, mais elle dort — il s'arrête — ça c'est de la colère seulement, ce n'est rien. M. DURAS, *L'Amour,* p. 45.

Dans la dernière réplique, nous trouvons successivement :
- le tiret indiquant l'interlocution (signe d'appel);
- entre *oui* et *elle,* un tiret, signe de ponctuation en soi, équivalant à peu près à deux points;
- encadrant la proposition *il s 'arrête* nous avons des tirets, signes d'insertion qui ont valeur de virgules.

On pourrait transcrire cette phrase de la façon suivante avec un réel bénéfice pour la clarté du message, et sans trahir le moins du monde l'auteur :

— Oui : elle s'impatiente vous comprenez, mais elle dort... (*il s'arrête*); .... ça c'est de la colère seulement, ce n'est rien.

2. Dans une phrase longue, le tiret, signe pausal, a pour mission de **rappeler l'orientation première de la phrase** et d'y rattacher le texte qui suit :

Je revois tout cela dans ton vivant regard, Verhaeren, grand ami disparu, plus vivant aujourd'hui, plus existant par ton absence, que lorsque nous te savions parmi nous — j'entends un grand amour chanter, et une grande indignation, dans ta voix plus active et qui ne connaît pas la mort. GIDE, *Journal,* p. 667.

C'est exactement une même valeur de rappel ou de relais que nous voyons dans l'emploi du tiret que fait Gaétan PICON dans la phrase suivante :

> À l'origine, il y a le dégoût (« Je [Valéry] vis depuis longtemps dans la morale de la mort... » « Je suis dans une impatience de néant qui est cruelle et je voudrais que la vie soit d'une heure pour en avoir fini plus vite. ») — et cette « morale de la mort » engendre le curieux onirisme de destruction qu'il confie encore à Gide : « Je vois du sang... Je désire presque une guerre monstrueuse où fuir parmi le choc d'une Europe folle et rouge. » *Encyclopédie de la Pléiade, Histoire des littératures,* tome III, p. 1281.

Le tiret est un signe supérieur à la virgule et qui est capable de réaliser un retour à une coordination antérieure qu'une autre série de coordinations aurait pu faire oublier :

> Je crois que jamais les « règles » ne gênèrent aucun génie, non plus celle des unités en France, que celle des trois acteurs en Grèce, et que ceux-ci l'ont bien prouvé, autant Racine et Corneille qu'Eschyle. (Que d'ailleurs elles n'ont aucune valeur absolue et que tout grand génie s'en rend maître, soit qu'il y trouve appui, soit qu'il les nie — et que venir prétendre que tel grand homme en fut gêné c'est aussi absurde que si un peintre venait dire qu'en peignant il est gêné par son cadre et s'écriait : « Ah ! si je pouvais m'étendre plus loin ! », et que ceux qui protestent contre elles sont comme la colombe de Kant qui croit qu'elle volera mieux dans le vide.) GIDE, *Journal,* p. 345.

3. Parfois, au contraire, le tiret invite le lecteur à se détacher de la construction initiale et à s'engager sur une nouvelle voie. Le tiret marque ainsi l'anacoluthe :

> Mais tout d'un coup, dans l'écartement du rideau rouge du sanctuaire, comme dans un cadre, une femme parut et, aussitôt à la peur que j'eus, bien plus anxieuse que pouvait être celle de la Berma, qu'on la gênât en ouvrant une fenêtre, qu'on altérât le son d'une de ses paroles en froissant un programme, qu'on l'indisposât en applaudissant ses camarades, en ne l'applaudissant pas elle, assez ; — à ma façon, plus absolue encore que celle de la Berma, de ne considérer cet instant, salle, public, acteurs, pièce, et mon propre corps que comme un milieu acoustique n'ayant d'importance que dans la mesure où il était favorable aux inflexions de cette voix, je compris que les deux actrices que j'admirais depuis quelques minutes n'avaient aucune ressemblance avec celle que j'étais venu entendre. PROUST, *À l'ombre des jeunes filles en fleurs,* I, p. 31.

De Proust encore cet autre exemple :

> Elle [la famille] ne se rendait pas compte que pour bien des jeunes gens du monde, lesquels sans cela resteraient incultes d'esprit, rudes dans leurs amitiés, sans douceur et sans goût, — c'est bien souvent leur maîtresse qui est leur vrai maitre et les liaisons de ce genre la seule école morale où ils soient initiés à une culture supérieure, où ils apprennent le prix des connaissances désintéressées. *À l'ombre des jeunes filles en fleurs,* III, p. 25.

4. Le tiret est fréquemment employé pour marquer, entre deux termes, une relation d'analogie ou d'opposition, selon les cas :

> ... ce faux postulat : Dieu est prescient — Dieu est... GIDE, *Journal,* p. 802.

5. Le tiret peut être employé pour traduire un enchaînement, une succession :

> Je lis avidement du Sainte-Beuve avec un ravissement inégal — découvre sa profession de foi, si importante (ou plus exactement son programme), dans la seconde partie de son article sur Chateaubriand. *ID., ib.,* p. 622.

> Une à une, j'ai vu disparaître mes raisons de m'agiter, submergées, chacune à son tour, par l'indifférence, cette marée montante. La religion, — ensuite l'attrait des âmes, — ensuite la fraternité (que je n'ai pu sentir que dans la guerre), — ensuite le désir de la gloire, — ensuite la curiosité et le goût que j'avais de moi-même. MONTHERLANT, *Essais,* p. 317.

> J'avais été d'abord à Bagatelle (exposition de portraits — un très beau de Courbet — un très curieux de Monticelli — presque tout le reste très médiocre) — visite à la roseraie. GIDE, *Journal,* p. 246.

Ces notes de journal indiquent bien le rôle que le tiret peut jouer et nous conduisent de façon non équivoque à la valeur du tiret, signe d'appel, dont nous traiterons ultérieurement.

6. Volonté délibérée ou négligence, le tiret apparaît souvent comme un signe qui double (pour le renforcer) un autre signe de ponctuation :

> La municipalité les soutient de manière à peu près suffisante, somme toute; — je m'attendais à trouver pire misère dans ces tristes quartiers; c'est aussi qu'il faisait très beau temps. GIDE, *Journal,* p. 474.

V
LE BLANC

Nous le verrons en plusieurs occasions, la ponctuation évolue : certains auteurs imaginent, proposent et essaient des pratiques nouvelles, voire de nouveaux signes.

CLAUDEL prévoyait des intervalles laissés en blanc destinés à compléter ou à renforcer l'effet des signes de ponctuation usuels.

Nous pouvons associer à cette pratique, l'usage que certains auteurs contemporains font de l'alinéa : ils vont à la ligne lorsqu'ils estiment qu'une pause doit être faite dans leur texte, et cela indépendamment de la ponctuation déjà indiquée. Dans l'exemple suivant, M. DURAS fait cette pause après les deux points, dans un cas où l'usage traditionnel ne le ferait pas :

> Pendant un instant personne ne regarde, personne n'est vu :
>
> Ni le prisonnier fou qui marche toujours le long de la mer, ni la femme aux yeux fermés, ni l'homme assis.
>
> Pendant un instant personne n'entend, personne n'écoute.
>
> Et puis il y a un cri :
>
> L'homme qui regardait ferme les yeux à son tour sous le coup d'une tentative qui l'emporte, le soulève [...]. DURAS, *L'Amour,* p. 12.

Telle phrase de Michel BUTOR peut illustrer l'emploi du blanc mais montrer aussi tout ce que les auteurs contemporains attendent ou exigent des ressources de la ponctuation :

> Les yeux entrouverts sur ces têtes, les yeux fermés, dans l'épaisse lumière bleue, toutes renversées, balancées par le mouvement du train, le rectangle de nuit extérieure peut-être un

peu plus gris entre la vieille Italienne et la belle Agnès argentée, ces filets suspendus au point de départ de la voûte, soutenant les possessions de ces hommes et de ces femmes que vous n aviez jamais vus, que vous ne rencontrerez vraisemblablement plus jamais.

celui que vous appelez Pierre s'éveillant, décollant ses épaules du dossier, appuyant ses coudes sur ses genoux, regardant défiler le sombre paysage abrégé, celle que vous appelez Agnès émergeant aussi de son sommeil, prenant le poignet de son époux, s'efforçant de lire l'heure à la lumière de la lune,

(«... avant d'arriver à Rome.

— Oui, à peu près, tu as le temps de dormir.

— Je vais sortir un peu dans le corridor pour me déplier les jambes»),

se levant tous les deux, s'efforçant de ne pas vous déranger, lui, prenant la poignée de la porte, tentant de l'ouvrir le plus discrètement possible, une barre de lumière orangée se répandant sur ses mains et les vôtres, sur les cheveux de cette femme étalés à côté de vous,

vous cherchez à améliorer votre position, vous appuyez votre front sur le rideau, mais non, vous ne pourrez pas dormir ainsi; vous renversez la tête à nouveau. M. BUTOR, *La Modification,* p. 260.

Les blancs sont consécutifs à des virgules et commandent l'alinéa.

On remarquera en outre que le point, même commandant un alinéa, n'est pas suivi d'un mot commençant par la majuscule.

Très particulière aussi l'insertion, en alinéa, de la parenthèse, contenant elle-même un dialogue.

Cet usage de la «pause» ou du «blanc» est trop particulière et trop peu fréquente pour que nous puissions en déterminer exactement l'usage, moins encore lui prévoir des règles.

DEUXIÈME PARTIE

LES SIGNES MÉLODIQUES

I
LE POINT D'INTERROGATION

1. *Le point d'interrogation termine une proposition ou une phrase interrogative.* Cette phrase ou cette proposition peut être exprimée de diverses manières :

   a. Par la construction syntaxique interrogative :

   Venez-vous ?

   b. Par les mots ou les formules d'interrogation :

   Qui vous a fait entrer ? ROBBE-GRILLET, *Les Gommes,* p. 206. Qu'est-ce que tu fais ici ? *ID., ib.,* p. 206.

   À quoi va-t-il passer ses longues soirées d'hiver ? GIDE, *Journal,* p. 571.

   Entre le superbe qui se vante et Pascal qui s'abaisse, n'y aurait-il pas place pour la lucidité ? MONTHERLANT, *Essais,* p. 393.

   c. Par la forme affirmative : dans ce cas, le point d'interrogation joue son plein rôle de signe mélodique. C'est lui, et lui seul, qui indique la vraie valeur de la proposition et le ton sur lequel elle doit être dite.

   C'est lui qui a fait l'opération ? ROBBE-GRILLET, *Les Gommes,* p. 186.

   Vous le connaissez ? *ID., ib.,* p. 186.

   Vous avez entendu ce que le docteur disait au téléphone ? ID., *ib.,* p. 154.

   Tu veux me laisser parler ? *ID., ib.,* p. 234.

   Alors tu refuses de répondre ? *ID., ib.,* p. 234.

d. Par la forme négative : dans ce cas aussi, le point d'interrogation a sa pleine valeur.

Vous n'aviez pas éteint ? ROBBE-GRILLET, *Les Gommes,* p. 102.

Vous ne dites pas ça sérieusement ? *ID., ib.,* p. 74.

e. Par une forme elliptique : le cas est fréquent dans les dialogues, dans la littérature dramatique.

Humilité ? Modestie ? Simplicité est déjà beaucoup. MONTHERLANT, *Essais,* p. 1039.

Son nom ? M. Gogo-Lecrâneur. *ID., ib.,* p. 1136.

L'histoire ? La même pièce jouée par des acteurs différents. *ID., ib.,* p. 1158.

Rien de grave, j'espère ? ROBBE-GRILLET, *Les Gommes,* p. 59.

Alors ? Un débutant isolé ? Un amateur ? Un fou ? *ID., ib.,* p. *36.*

f. Un seul mot, même s'il n'est pas interrogatif, peut être affecté du point d'interrogation :

Tiens ? Il n'y a même pas cinq jours. CAMUS, *Théâtre,* p. 704.

À la page suivante, nous voyons le même mot *Tiens* suivi du point d'exclamation :

Tiens! Qui est-ce qui se met à chanter maintenant ?

L'interjection est souvent interrogative :

Ah ? Comment le savez-vous ? ROBBE-GRILLET, *Les Gommes,* p. 154.

Hein ? A. LANOUX, *Quand la mer se retire,* p. 56.

— Papa, je ne t'ai pas dit toute la vérité...

— Ha ? Jean MARSAN, *Interdit au public,* acte II, scène 14.

Pourtant ils sont déchiquetés les pommiers. Et...

— Et ?...

Elle cherchait à le faire parler comme on fait parler les dormeurs. A. LANOUX, *Quand la mer se retire,* p. 56.

2. Le point d'interrogation ne termine pas nécessairement la phrase :

a. Dans un récit, il arrive souvent que la proposition interrogative soit suivie de l'indication *demanda-t-il, dit-il, fit-elle,* etc. Dans ce cas, le point d'interrogation se met à la place logique où il doit se trouver, juste après la proposition interrogative.

— Vous a-t-il montré ses bombes ? demanda-t-elle. CÉLINE, *Voyage au bout de la nuit,* p. 272.

— Et l'eau ? demandai-je. *ID., ib.,* p. 206.

b. Plusieurs propositions interrogatives peuvent être juxtaposées. Chacune sera marquée par le point d'interrogation qui lui correspond et la question suivante commencera par une minuscule :

Vous ne faites pas ça tous les jours ? et avec tout le monde ? M. DURAS, *L'Amante anglaise,* p. 17.

Qui sait ce qu'elle faisait encore ? elle était dans ce jardin et puis ? on ne sait plus. *ID., ib.,* p. 14.

Quelle est son idée de derrière la tête ? et celle de ses parents ? MONTHERLANT, *Romans,* p. 1052.

c. Une proposition interrogative peut être insérée dans la phrase à la manière d'une incise. Le cas est fréquent pour la locution *N'est-ce pas ? :*

Vous savez, Monsieur, elle va revenir de Cahors. N'est-ce pas Claire ? vous voyez, elle ne répond pas, il faut la connaître. M. DURAS, *L'Amante anglaise,* p. 23.

3. Le début d'une phrase peut être interrogatif : il convient de ne pas l'oublier et le point d'interrogation reste de règle pour la clôturer.

Le cas est particulièrement fréquent dans les finales de lettres :

Voulez-vous me faire le plaisir de présenter mes respectueux hommages à…, de me rappeler au bon souvenir de…, de transmettre, si vous en avez l'occasion, mes bonnes amitiés à… et d'agréer, cher ami, l'expression de mes sentiments les plus cordiaux ?

La fin ne doit pas faire oublier le commencement : il y avait interrogation et, fût-elle oratoire, il faut la ponctuer selon les règles.

4. Il est utile de rappeler que le point d'interrogation ne s'emploie pas pour *l'interrogation indirecte :*

On écrit :

Quelle heure est-il ?

mais

Dites-moi quelle heure il est.
Je voudrais savoir quelle heure il est.
Je ne sais pas quelle heure il est.
Je vous demande quelle heure il est.

5. Valeur mimique

Dans le dialogue et la littérature dramatique, les auteurs peuvent recourir au point d'interrogation isolé pour indiquer une repartie muette, traduire l'embarras, l'air interloqué de celui qui ne comprend pas la question ou ne peut y répondre. Le plus souvent, ce point d'interrogation est double ou triple, et fréquemment flanqué d'autres signes expressifs tels que le point d'exclamation qui ajoute la notion de surprise, les points de suspension qui assurent une certaine fonction phatique, indiquant la continuation du dialogue, malgré le silence momentané.

> Comme l'heure s'avançait, il [Maritain] fit mine de se lever :
>
> — Je ne voudrais pas vous quitter avant de... Me permettez-vous de vous demander quelque chose ?
>
> — Demandez toujours, dis-je avec un geste indiquant que je ne répondais pas de répondre.
>
> — Je voulais vous demander une promesse.
>
> — ?...
>
> — Promettez-moi que, lorsque je serai parti, vous vous mettrez en prière et demanderez au Christ de vous faire connaître, directement, si vous avez raison ou tort de publier ce livre. Pouvez-vous me promettre cela ?
>
> Je le regardai longtemps et dis :
>
> — Non. GIDE, *Journal,* pp. 773-774.
>
> Le président. — Qu'est-ce que vous avez fait pour obvier à cet inconvénient ?
>
> Le témoin. — ???
>
> Il arrive plus d'une fois que le Président pose une question en des termes complètement inintelligibles pour le témoin ou le prévenu. C'est le cas. GIDE, *Journal, Souvenirs,* p. 642.

6. Signe d'ignorance

Le point d'interrogation, placé entre deux parenthèses peut exprimer l'ignorance : l'auteur ne connaît pas le nom ou la donnée exacte qui conviendrait.

Cet usage est fréquent dans les ouvrages biographiques.

> **Eudoxie**, en latin Aelia Eudoxia. (? — Constantinople, 404). Impératrice d'Orient. Femme de l'empereur Arcadius [...]. ROBERT, *Dictionnaire universel des noms propres.*

7. Signe de doute

   a. Le point d'interrogation placé entre parenthèses juste après une donnée signifie qu'il y a doute sur la valeur de ce renseignement.

> Molière (1622 ?-1673), Villon (1431-1463 ?).

Ce doute peut exister simplement dans le chef de l'auteur :

Le moment où l'embryon humain reçoit l'âme immortelle (vers le 6e mois par ex[emple] ?). CLAUDEL, *Journal,* p. 876.

Cela prouve que l'humanité n'aurait jamais pu vivre les millions d'années (?) qu'on lui attribue à l'état de sauvagerie. *ID., ib.,* p. 877.

b. Un mot, une proposition entre parenthèses et marqués d'un point d'interrogation représentent souvent une hypothèse formulée par l'auteur :

Ils [les étudiants] avaient tous des lavallières jaune serin (un symbole ?) et marchaient en se tenant par les épaules... MONTHERLANT, *Romans,* p. 1062.

De ce déjeuner il rapporta deux traces profondes, laissées par :
1° l'animalité de Solange, qui la rapprochait beaucoup de lui;
2° l'étrange regard (jaloux ?) qu'elle lui jetait, tandis qu'il tenait longuement dans une de ses mains les deux mains chaudes du chat jonquille. *ID., ib.,* p. 1329.

8. Symbole

En dehors du domaine de l'imprimé, le point d'interrogation peut jouer le rôle de symbole. On y recourt très fréquemment lorsqu'on veut annoter un texte, y demander des amendements. Le point d'interrogation se place en marge, en regard du passage incriminé, parfois au-dessus ou à côté d'un mot. Il signifie : *Que voulez-vous dire ? Quid ? Je ne comprends pas! Passage obscur, amphibologique.*

II
LE POINT D'EXCLAMATION

Le point d'exclamation, comme le point d'interrogation, peut être le seul élément qui donne son vrai sens à une proposition. Dans l'exemple suivant, le même groupe de mots est successivement interrogatif puis exclamatif :

> Je disais à Prévot :
> — Point de mal ?
> Il me répondait :
> — Point de mal! SAINT-EXUPÉRY, *Œuvres,* p. 217.

Les emplois du point d'exclamation sont variés; la gamme de significations dont ce signe se charge est vaste.

1. Le point d'exclamation s'emploie normalement :

après une interjection :

> Ah!, Chut!, Oh!, Silence!, Bravo!, Holà!

après une locution ou expression interjective :

> Quoi donc!, Ma foi!, Eh bien!, Allons donc!

2. Quelquefois, le point d'exclamation est rejeté après le groupe de mots qui forme un tout :

> Ah, comme ça! MONTHERLANT, *Romans,* p. 151.
> Eh bien, c'est agréable! *ID., ib.,* p. 1065.
> Ah bon! LANOUX, *Quand la mer...,* p. 102.

C'est même la règle pour l'interjection *ô!*

> ô rage! ô désespoir!...

Parfois, le point d'exclamation est reporté en fin de phrase mais il est erroné de croire que ce soit là une règle.
On trouve concurremment :

Oh, qu'il est joli, ce petit taureau! MONTHERLANT, *Romans,* p. 488.

et

Oh! j'en ai beaucoup comme ça, des souvenirs. GIDE, *Journal,* p. 333.

3. Le point d'exclamation indique l'apostrophe, le vocatif, le cri, l'injure, le juron :

— Ernest, Ernest, bon Dieu! ROUSSIN, *La Locomotive,* début.
— Sardines frites! Sardines frites! CAMUS, *Théâtre,* p. 203.
— Chienne! *ID., ib.,* p. 257.
— Traîtres infâmes! s'écrie X... Puis il trahit à son tour.
— Misérables! qui avez allumé une guerre perdue d'avance! MONTHERLANT, *Essais,* p. 1052.

J'avais éveillé tant de gênantes curiosités, dans les petites villes d'Algérie, pour avoir eu l'honnêteté de répondre non quand on me demandait «Vous êtes voyageur ?», que j'ai fini, crève l'honnêteté! par dire que je l'étais. ID., *ib.,* p. 1088.

4. L'injonction, l'ordre et la défense :

— Arrive! Arrive! Ça vaut la peine. ROUSSIN, *La Locomotive,* p. 10.
— Répète, répète! J. MARSAN, *Interdit au public,* sc. 12.
— Viens vite! Ne crains plus rien! CAMUS, *Théâtre,* p. 264.
— Ne me touche pas, écarte-toi! *ID., ib.,* p. 213.
— Allez-vous en! Allez-vous en! Vous êtes des lâches! SAINT-EXUPÉRY, *Œuvres,* p. 327.

5. Il ponctue, pour les rendre exclamatifs, des mots, des groupes de mots, des propositions ou des phrases; il joue son plein rôle de signe mélodique :

— Au revoir, Madame...
— Non! non! Je veux parler au Directeur!
— Monsieur le Directeur est très occupé, Madame, il est en conférence...
— Ah! ça m'est égal! Ça m'est bien égal! Je veux lui parler! *ID., ib.,* p. 119.

Le point d'exclamation est souvent indispensable pour permettre la distinction entre exclamation et interrogation :

Qu'est-ce qu'un petit garçon qui n'est pas encore amoureux à dix ans! Fi! MONTHERLANT, *Essais,* p. 1042.

6. Dans les interjections répétées, on répète également le point d'exclamation ; Ah! ah! ; Oh! oh! ; Ohé! Ohé!

7. Quand la proposition exclamative doit se trouver entre guillemets ou entre parenthèses, il est logique d'inclure le point d'exclamation :

   > Étymologiquement, faire la révolution signifie retourner en arrière ; je n'y peux rien : *revolvere.* Certains ne l'entendent que trop ainsi (et vive le latin!). MONTHERLANT, *Essais,* p. 931.
   >
   > Là-dessus, Monsieur hausse la voix : «C'est tout de même ridicule qu'un garçon de cet âge ait peur de choses qui n'existent pas!» *ID., ib.,* p. 1052.

   Il convient de trouver la place exacte du point d'exclamation :

   > Un peintre lui montre un tableau, et il se met de nouveau en colère (que de colères chez un «Olympien»!)... ID., *ib.,* p. 1476.

8. Signe d'ironie
   Le point d'exclamation est chargé de traduire l'ironie :

   > C'est du joli! C'est du propre! Ne vous gênez pas! Continuez!

9. Signe d'étonnement
   Comme le point d'interrogation, le point d'exclamation peut se trouver entre parenthèses et marquer l'étonnement, la surprise de l'auteur.

   Exemple, ce passage des *Carnets* de MONTHERLANT qui relate une lecture de Sénèque :

   > Feuilleté Sénèque, La *Brièveté de la vie.* Ceux qui perdent leur temps sont ceux qui collectionnent les vases de Corinthe, ceux qui entretiennent des troupes de gladiateurs, ceux qui chantent (!), ceux qui prennent de bons repas, «ceux qui s'appliquent à d'inutiles études littéraires», les érudits... MONTHERLANT, *Essais,* p. 1057.

   Comme le point d'interrogation, le point d'exclamation est fréquent dans les notes marginales : il traduit l'étonnement, voire la stupéfaction du lecteur ou du correcteur.

Cumul de signes

Le point d'exclamation est parfois répété :

> C'est la première fois qu'il m'arrive de rencontrer quelqu'un en train de me lire. (Épisode : «Ah! Monsieur Duhamel!!!») GIDE, *Journal,* p. 966.

Il se trouve assez souvent combiné avec le point d'interrogation pour indiquer à la fois surprise et intrigue.

Une question peut aussi être exclamative :

Le paraître ne doit pas se distinguer de l'être ; l'être s'affirme en le paraître ; le paraître est la manifestation immédiate de l'être.

Puis, qu'est-ce que cela fait !! ? GIDE, *Journal*, p. 25.

III
LES POINTS DE SUSPENSION

Les points de suspension, qu'on a parfois appelés aussi *points suspensifs,* connaissent une gamme d'emplois très variés.

Nous pouvons aisément distinguer :

- Des valeurs prosodiques;
- Des valeurs psycho-émotives;
- Des missions d'appel.

A. Valeurs prosodiques

Ils marquent *un arret* dans la phrase, dans la chaîne parlée. Cet arrêt peut avoir des causes étrangères :

a. Un événement extérieur :

> Alvaro. — Je ne me souviens pas. Cela est possible...
>
> *Après frappement du heurtoir, à l'entrée, entrent, ensemble, le marquis de Vargas et don Gregorio Obregon.*
>
> MONTHERLANT, *Théâtre,* p. 607.

b. Un interlocuteur qui interrompt le discours :

> Don Christoval. — Lui que j'ai élevé...
>
> Ferrante. — Eh bien élevé, certes! Un digne élève! Et un digne fils! *ID., ib.,* p. 161.

B. Valeurs psycho-émotives

La cause peut être psychologique et tenir à l'auteur, ou à son personnage.

a. Le personnage réfléchit avant de répondre exactement à une question :

Ferrante. — Un mariage ? Vous aviez le lit : ce n'était pas assez ?
Pourquoi vous marier ?
Inès. — Mais... pour être plus heureuse. MONTHERLANT, *Théâtre,* p. 160.

b. Le personnage, après un effort de mémoire, se ravise et corrige :

Marthe. — Au moins, vous avez eu des tentations ?
Pierre. -Non!... Ah! si, une. Jules RENARD, *Le Pain de ménage.*

Ils marquent une correction, une reprise, et constituent une sorte de rature orale traduite par écrit :

— Oh, Monsieur Abel! Que dirait votre... la jeune femme ? A. LANOUX, *Quand la mer se retire,* p. 33.

c. Sous l'effet de l'émotion, le discours est haché :

— Jacques... Jacques... Mon fils est mort... SAINT-EXUPÉRY, *Œuvres,* p. 31.
Que signifie cela ? Est-ce que... est-ce que le Pape prétendrait m'imposer ses troupes à Rimini ? MONTHERLANT, *Théâtre,* p. 449.

d. Les points de suspension peuvent traduire un trouble profond :

— Qu'est-ce qu'il y a donc ?
— Je... je... je vous demande pardon de vous causer cet embarras... mais... je crois que je vais m'évanouir... MONTHERLANT, *Romans,* p. 894.

e. L'aveu est parfois difficile à formuler :

Viens... j'ai à te parler... c'est difficile... SAINT-EXUPÉRY, *Œuvres,* p. 29.

C. Valeurs d'appel

Les rôles d'appel des points de suspension sont également multiples. Il s'agit d'un code que le lecteur doit pouvoir interpréter correctement.

1. Valeurs poético-narratives

a. Les points de suspension invitent le lecteur à *poursuivre une réflexion,* à s'abandonner à une méditation; ils ouvrent la porte à la rêverie, à l'imagination :

Sous les gants épais des mains merveilleuses qui savaient, Geneviève, caresser du revers des doigts, ton visage... SAINT-EXUPÉRY, *Œuvres,* p. 7.

Il [Fabien] serre dans son volant le poids de la richesse humaine, et promène, désespéré, d'une étoile à l'autre, l'inutile trésor, qu'il faudra bien rendre... *ID., ib.,* p. 127.

b. Faut-il s'étonner de voir les points de suspension sollicités pour suggérer *une suite* quelconque et finir par équivaloir à un simple *etc.* ?

— Mon père prétend que les hommes qui sont tenus d'être psychologues par profession, les avocats, magistrats, confesseurs, romanciers... dans leur vie privée ne voient pas ce qui crève les yeux. MONTHERLANT, *Théâtre,* p. 301.

2. Fonctions phatiques

a. *Pour indiquer qu'un certain temps s'est écoulé* depuis le paragraphe ou l'alinéa précédent, des auteurs commencent la partie suivante par trois points de suspension qui ont pour mission de relier aux parties antérieures ce texte nouveau :

... L'ombre rapide d'un pont passe sur mes paupières que je tenais fermées et que je rouvre pour voir fuir, à gauche du train, ce petit champ de pommes de terre que je connais si bien... COLETTE, *La Vagabonde* (Éd. Livre de poche), p. 195.

C'est là une fonction narrative.
Dans d'autres cas, c'est une phrase ou une repartie qui commencent par des points qui sont destinés à maintenir un lien entre le discours de deux interlocuteurs ou à servir de raccord entre deux parties de phrase qu'un élément quelconque était venu interrompre :

— Abel, fit une voix mélodieuse mais impérative, je me demande quand...

— ... quand je perdrai l'habitude de boire avec les gens que je rencontre. Bonjour Valérie. A. LANOUX, *Quand la mer se retire,* p. 33.

— On s'acharne quelquefois à découvrir un meurtrier...

— ... bien loin de soi, continue son second, alors qu'on n'a qu'à tendre la main. ROBBE-GRILLET, *Les Gommes,* p. 208.

b. Réplique muette
Comme les points d'interrogation et d'exclamation, les points de suspension peuvent figurer une réponse muette dans un dialogue; dans l'exemple qui suit, les points représentent les réponses données par le téléphone mais que le narrateur n'entend pas :

— Oui, une chambre à la journée.

— ...

— Ça arrive.

— …

— J'enverrai la fiche, mais on aime mieux se mettre en règle le plus tôt possible… ROBBE-GRILLET, *Les Gommes,* p. 134.

D. Missions d'appel

Nous situons sur le plan social diverses valeurs des points de suspension.

1. La réticence

   L'auteur ou un de ses personnages recule devant la formulation de la fin d'un message :

   Espèce de…
   Si je ne me retenais, je vous…

2. La discrétion

   Les points de suspension peuvent avertir le lecteur que, par discrétion, l'auteur ne cite pas le nom de la personne dont il parle.

   Sur la mort de X… — C'est la première fois qu'il fait quelque chose de sérieux dans sa vie. MONTHERLANT, *Essais,* p. 1021.

   Mme G. de R…, que je n'ai pas vue et avec qui je n'ai pas échangé un signe de vie depuis vingt-huit ans… *ID., ib.,* p. 1137.

3. La bienséance

   L'auteur recule parfois devant la crudité ou la vulgarité d'un mot ; il se contente alors de simplement le suggérer par l'initiale suivie de points :

   N'est-ce pas une vie bien ordonnée, que celle où l'on a consacré sa jeunesse à b…, son âge mûr à écrire, et sa vieillesse à dire la vérité ? *ID., ib.,* p. 1147.

4. L'omission

   Les points de suspension servent à indiquer dans un texte, un passage volontairement omis. Sur ce point, l'usage a singulièrement évolué.

   Le procédé initial de remplacer le passage sauté par des points de suspension pouvait être équivoque : ces points pouvaient être de l'auteur et avoir une tout autre portée.

   On imagina ensuite de faire figurer les trois points entre parenthèses (…) : mais ici encore ce n'était pas tout à fait clair. Ces points entre parenthèses pouvaient signifier, par exemple, que le texte original présentait, à cet endroit, une parenthèse que l'on n'éprouve pas le besoin de reproduire.

Le dernier perfectionnement est apporté par les crochets : les points de suspension figurant entre crochets [...] indiquent qu'une volonté étrangère à celle de l'auteur a fait une coupure. Voici la vivante illustration de ce code.

Montherlant a édité lui-même ses carnets et, au moment de la publication, il a supprimé lui-même certains passages du manuscrit : pour des raisons très diverses, dont la discrétion et la bienséance. Il a, en tant qu'auteur, marqué ces coupures par des points entre parenthèses :

> Les assises de toute une vie sont une tranquille satisfaction sexuelle : quand la (...) va, tout va. MONTHERLANT, *Essais,* p. 1107.

Tout autre éditeur aurait dû noter : la [...].

IV
LES DEUX POINTS

Les deux points, que certains nomment le *deux-points* constituent un signe mélodique : ils annoncent un changement d'auteur, une suite, un complément d'information, une explication, une synthèse, selon les cas.

1. Ils introduisent le discours direct.

   Lacretelle me disait : « Allez-y! Nommez-vous! Allez-y d'une dédicace... » GIDE, *Journal,* p. 966.

   Détail de style, peut-être, mais il est bon de remarquer que le discours direct n'est pas toujours introduit par un verbe déclaratif :

   Ils arrivaient une fois encore devant sa porte. Elle aurait continué; ce fut lui qui s'arrêta. Il lui tendit la main :
   — Puisque nous nous voyons demain chez les d'Hautecourt, il est fatal que nous nous parlions encore. Mais en réalité c'en est fini de nous. MONTHERLANT, *Romans,* p. 1101.

   Le discours direct peut être fictif, imaginé :

   Elle se disait : « Que pense-t-il de ce que j'ai fait ? Sait-il seulement que cela a existé ? » *ID., ib.,* p. 65.

   Mais Lebeau se contenta de se tourner vers Bourdillon, et de l'interroger du regard, avec une expression qui signifiait : « Qu'est-ce que c'est que tout ça ?... Dites donc, ça a l'air d'un drôle de numéro, votre client... » *ID., ib.,* p. 794.

2. Les deux points peuvent introduire un dialogue; dans ce cas on va à la ligne après les deux points :

> Elle alla avenue Henri-Martin, s'enquit d'abord auprès du concierge :
>
> — M. Costals est à Paris ?
>
> — Oui, Mademoiselle.
>
> Mais, à l'étage, le domestique lui dit :
>
> — M. Costals est à Besançon. MONTHERLANT, *Romans,* p. 984.

3. Il est assez rare que les deux points introduisent le *discours indirect :*

> Et voici que je songe à cette phrase lue dans un auteur du dernier siècle : que, de tous les peuples du monde, les Japonais sont le plus athée... MONTHERLANT, *Essais,* p. 388.

3. Les deux points servent à introduire *une citation* lorsque celle-ci commence par le début d'une phrase et n'est pas stylistiquement raccordée au texte de l'auteur qui cite :

> C'est le temps où vous m'écriviez vous-même : « Une jeune fille ne se lasse jamais la première de l'amour platonique. » MONTHERLANT, *Romans.*

Cette citation serait raccordée si l'auteur avait écrit : C'est le temps où vous m'écriviez vous-même *qu'*«une jeune fille ne se lasse jamais la première de l'amour platonique».

Lorsqu'il s'agit d'introduire une citation longue, il est assez courant d'aller à la ligne après les deux points qui l'introduisent, et c'est obligatoire quand, pour la citation, on adopte un autre type de caractères.

On ira toujours à la ligne lorsque l'on cite des vers :

> Dans ces vers de Baudelaire :
> Là, tout n'est qu'ordre et beauté,
> Luxe, calme et volupté.
> où le lecteur inattentif ne reconnaît qu'une cascade de mots, je vois la parfaite définition de l'œuvre d'art. GIDE, *Journal,* p. 664.

4. Une des fonctions les plus courantes des deux points est *d'annoncer une énumération :*

> Deux manières de vieillir : l'esprit qui l'emporte sur la chair, ou la chair qui l'emporte sur l'esprit. CLAUDEL, *Journal,* p. 175.
>
> Étaient de ce festin : Henri de Régnier, Desvallières, Besnard, Suarès, Saglio, Marcel, Ernest Charles, et *tutti quanti.* GIDE, *Journal,* p. 296.

Si l'énumération est longue et correspond, par exemple, à une division, aux points d'un exposé, à la matière d'un ouvrage, les deux points peuvent commander un alinéa :

> Pour une édition future, j'indique ici ce que doit être la composition du livre :
>
> Prélude.
> I. — Voyage sur l'Océan Pathétique.
> II. — la Mer des Sargasses.
> III. — Vers une Mer Glaciale.
>
> Envoi. GIDE, *Journal,* p. 966.

En fait, donner le texte annoncé d'une citation ou d'un discours, fournir l'énumération promise, c'est déjà expliquer et justifier ce qui précède immédiatement.

5. *L'explication peut se nuancer* de circonstances diverses :

a. une précision :

> Eh bien moi! c'était pire : j'exultais. CAMUS, *Théâtre, Récits...* p. 1484.
>
> La fête du mouton : d'ancienne tradition, qu'il semble que l'on puisse rattacher à l'histoire du sacrifice d'Abraham, dont cette cérémonie solennelle serait la commémoration. GIDE, *Journal,* p. 1246.

b. la cause :

> Le voici [Suarès] qui court au vestiaire; en ressort aussitôt... Dehors, je comprends la cause de son trouble : d'Annunzio l'enlève dans son automobile. *ID., ib.,* p. 297.
>
> Et puis dare-dare vers le métro : il s'agit d'arriver la première chez l'éventuel employeur. MONTHERLANT, *Essais,* p. 1249.

Il arrive, mais nous ne pouvons recommander cet usage, que dans une même phrase, on trouve deux fois les deux points :

> Pourquoi semblait-il à ce point stupéfait ? Scali se retourna : derrière lui, sous le portrait d'Azaña, un amoncellement d'argenterie d'un mètre : plats, assiettes, théières, aiguières et plateaux musulmans, pendules, couverts, vases, saisis pendant les réquisitions. MALRAUX, *Romans,* p. 549.

Dans cette phrase, les premiers deux points énoncent la cause, les seconds introduisent une énumération.

6. Les deux points, enfin peuvent *annoncer une conclusion, exprimer une synthèse,* une conséquence, préparer la chute de la phrase :

   Au téléphone, il résuma ce qu'il venait d'apprendre des otages : peu de choses. *Id., ib.,* p. 558.

   Or, agir avec le Parti est agir avec lui sans réserve : le Parti est un bloc. *Id., ib.,* p. 564.

   La carlingue bondit dans la flamme, qui se tordit sur elle-même, s'écrasa, jaillit de nouveau en chantant : l'avion capotait. ID., *ib.,* p. 568.

7. Les deux points peuvent enfin introduire *la mention d'un terme,* titre, enseigne, raison sociale.

   À la table des matières, l'indication : *Mer des Sargasses,* suit immédiatement : *Prélude.*

   Je constate que dans l'édition Stols et dans celle d'Émile-Paul, le sous-titre de la première partie : *Voyage sur l'Océan Pathétique,* a été également omis. GIDE, *Journal,* p. 966.

   ... et en avant le mot : Lénine. MALRAUX, *Romans,* p. 561.

V
LE TRAIT

Improprement appelé *trait d'union,* le trait joue un grand rôle dans la langue écrite. Certains de ses emplois n'ont aucun rapport avec la ponctuation, d'autres oui.

Un gros risque de confusion pèse sur ce signe important qui ne se distingue du tiret que par sa longueur. Le trait d'union est, en effet, trois ou quatre fois plus court que le tiret. Dans l'écriture manuscrite, il est difficile de respecter cette différence.

Autre risque, infiniment plus grave : le clavier de la machine à écrire ne possède qu'un seul et même signe qui, fatalement, doit remplir les deux offices.

La confusion va jusque dans la nomenclature : des auteurs assimilent les appellations *trait d'union* et *tiret* et réservent à ce que nous nommons *tiret* le nom de *moins.* C'est là un emploi abusif de l'argot des typographes.

A. Comme **signe orthographique,** il mérite le nom de *trait d'union :* de plusieurs éléments il fait un seul mot ou une expression : *chou-fleur, arc-en-ciel, chauve-souris, c'est-à-dire, le je-m'enfichisme,* etc.

Il indique que les termes qu'il unit doivent être considérés comme une seule unité lexicale. Mais le contraire n'est pas vrai; il existe des unités lexicales parfaitement reconnues dont les éléments restent libres : *pomme de terre, trait d'union, château fort* (à côté de *coffre-fort),* un *je ne sais quoi.*

B. On peut considérer le trait comme un **signe d'appel**, mais non comme signe de ponctuation, lorsqu'il indique qu'un mot a été coupé en fin de ligne. Nombre d'auteurs nomment ce trait *division.*

Le trait ne peut figurer qu'en fin de ligne; un autre trait ne peut être tracé au début de la ligne suivante pour introduire la fin du mot. Il s'agit bien du trait, non du tiret, et moins encore du signe =.

Il existe des règles et des usages pour la coupure de mots en fin de ligne.

C. Le trait d'union possède une *mission de lexicalisation* lorsqu'un auteur, en dehors du code de l'orthographe, s'en sert pour montrer qu'il considère un groupe de mots comme unité de lexique.

> «Monsieur l'agent, c'est une dame qui est fatiguée. Elle va se trouver mal!» Puis, comme ça ne prend pas, après un moment, changement de front : «Monsieur l'agent, il y a là une dame avec un petit. Il va être écrasé! Laissez-le venir devant.» (La commère-qui-est-fatiguée passera dans le sillage de la commère-au-petit). L'agent : «Il y en a bien d'autres, des petits, dans la foule.»... De temps en temps, la commère-qui-est-fatiguée se retourne vers moi... MONTHERLANT, *Essais,* p. 450.

Nous notons, dans ce passage, la lexicalisation momentanée des deux groupes de mots *commère qui est fatiguée* et *commère au petit.*

Autre exemple :

> Toujours la nostalgie de *La Princesse de Clèves,* qui est détestablement mal composée, mais qui, on ne sait pourquoi, représente dans l'esprit des Français le roman - composé - à la - française, c'est-à-dire «bien composé». MONTHERLANT, *Essais,* p. 1244.

Ce genre de composition libre aboutit facilement à un procédé, voire à une manie. On a souligné à juste titre l'usage et l'effet que peut tirer un journal comme le *Canard enchaîné* de créations du type :

> un *m'as-tu-vu-avec-ma-médaille-militaire*; une *analyse-pénétrante-de-la-conjoncture-actuelle*; le *jeune-pris-dans-son-sens-le-plus-large*; etc.

D. Le trait — et ici nous ne pouvons vraiment plus l'appeler *trait d'union* — indique que l'on doit lire un mot ou un passage en scandant les syllabes, en les accentuant toutes :

Qui cela intéressera-t-il ? (Et reprenant en accentuant chaque syllabe) : Qui ce-la in-té-res-se-ra-t-il ? GIDE, *Journal,* p. 331.

Manifestement, le trait fait office de signe de ponctuation et détermine des éléments mélodiques et prosodiques.

E. Le trait est encore employé comme *signe d'appel* dans les notations courantes du type :

les années 40-45.
Cf. pp. 48-52.
Voir pp. 53-54.

À ces trois exemples correspondent trois façons de lire :

— les années quarante-quarante-cinq
— *Confer* pages 48 à 52;
— Voir pages 53 et 54.

VI
ESSAIS ET INNOVATIONS

Quelques auteurs ont voulu compléter la série de signes qui nous aident à déterminer la manière dont il faut dire certains passages, certains mots.

Il est certain qu'avec un peu d'habitude on entend si une personne parle sérieusement ou non, si elle donne à ses paroles un sens ironique ou le sens réel que les mots expriment. Par écrit, la distinction est plus délicate.

A. Pour remédier à cet état de choses, un publiciste français, ALCANTER DE BRAHM, imagina sur la fin du XIXe siècle, un signe [ꟾ] qu'il nomma point d'ironie et dont plusieurs éditions du *Petit Larousse illustré* ont donné l'image. Les curieux le trouveront encore dans le *Grand Larousse encyclopédique* s.v. *ironie.*

Ce signe n'a pas eu le succès qu'escomptait son auteur : l'ironie et l'antiphrase ont voulu garder leur voile discret!

B. Plus près de nous, l'écrivain français Raymond QUENEAU a imaginé, proposé et employé (dans son roman *Le Chiendent*) un signe particulier [¡] qu'il appelle le *point d'indignation.* L'auteur n'a pas persévéré dans l'emploi de ce signe qui n'était que le point d'exclamation à l'envers.

C. Plus récemment encore, Joseph Delteil a proposé un *point d'humour.* Cette idée nous paraît fort voisine de celle d'Alcanter de Brahm : sans doute connaîtra-t-elle le même sort.

TROISIÈME PARTIE

LES SIGNES D'INSERTION

I
LES PARENTHÈSES

Le discours oral et le dialogue écrit connaissent également la parenthèse. Oralement, on dit quelque chose «par parenthèse», en guise de *parenthèse*. Par écrit, on signale un détail *entre parenthèses*. Les parenthèses sont des signes graphiques qui s'emploient par paires et qui présentent deux formes : la forme ouvrante [(] et la forme fermante [)]. Le texte ou le message contenu entre ces deux signes se nomme *la parenthèse*.

Cette parenthèse consiste en un détail, un complément d'information qui ne sont pas absolument indispensables à l'intelligence du message mais qui sont de nature à aider à le situer dans un contexte particulier.

Dans une parenthèse, un auteur peut fournir diverses indications mais aussi nous donner sa façon de penser, son optique personnelle, nous faire part d'une réflexion sur le sujet, nous signaler la source d'une citation, sa forme originale.

Voici quelques exemples de parenthèses extraites d'écrivains de notre siècle :

> — On se suicide rarement (l'hypothèse cependant n'est pas exclue) par réflexion. A. CAMUS, *Essais,* p. 100.
>
> — Le péché n'est point tant de savoir (à ce compte, tout le monde est innocent), que de désirer savoir. *ID., Ib.,* p. 78.
>
> — Le roman rose (ou noir), le roman édifiant s'écartent de l'art dans la mesure, grande ou petite, où ils désobéissent à cette loi. *ID., Ib.,* p. 673.

— Si rebutant qu'ait été ce travail (la traduction de Hamlet), à présent il me manque. A. GIDE, *Journal,* p. 739.

— Un billet de métro, que le hasard fit sauter d'une poche de ma capote où je l'avais fourré pendant ma journée de passage à Paris, lui voila les yeux de mélancolie (et il faut avouer qu'il y avait de quoi).
MONTHERLANT, *Essais,* p. 488.

Je traduis : « La nature humaine ne peut se développer heureusement (*will not flourish*) lorsque plantée et replantée de génération en génération sur le même sol épuisé. A. GIDE, *Journal,* p. 787.

Une même phrase peut être illustrée de plusieurs parenthèses et, inversement, une parenthèse peut contenir soit toute une phrase, soit plusieurs phrases.

PARENTHÈSES MULTIPLES DANS LA MÊME PHRASE :

— Et poussant jusqu'à son terme cette logique absurde, je dois reconnaitre que cette lutte suppose l'absence totale d'espoir (qui n'a rien à voir avec le désespoir), le refus continuel (qu'on ne doit pas confondre avec le renoncement) et l'insatisfaction consciente (qu'on ne saurait assimiler à l'inquiétude juvénile). CAMUS, *Essais,* p. 121.

— Un adolescent « jeune, triste et charmant » (Vigny) remplace la bête cornue. « Beau d'une beauté qui ignore la terre » (Lermontov), solitaire et puissant, douloureux et méprisant, il opprime avec négligence. *ID., Ib.,* p. 459.

— Osaka. Le château (pierre énorme apportée de Shikoku, montée sur un lit d'herbes marines), la vue des temples, le temple de Tenno-ji, déjeuner à la japonaise (excellent) au journal Osaka Asahi, conférence à la campagne à l'université Kansaï (professeur Mijajima), marionnettes du théâtre Bunrakusa...
CLAUDEL, *Journal* I, pp. 549-550.

On le voit, les indications contenues dans la parenthèse sont de nature et de portée extrêmement diverses, ce qui justifie et confirme l'utilité de ce signe de ponctuation.

Mais la parenthèse peut être plus longue et s'insérer plus intimement dans l'économie de la phrase, comme dans cet exemple de Marcel PROUST :

Certes, il estimait maintenant que l'hypothèse à laquelle il s'était souvent arrêté jadis et d'après quoi c'étaient les imaginations de sa jalousie qui seules noircissaient la vie, en réalité innocente, d'Odette, que cette hypothèse (en somme bienfaisante puisque, tant qu'avait duré sa maladie amoureuse, elle avait diminué ses souffrances en les lui faisant paraître imaginaires) n'était pas la vraie, que c'était sa jalousie qui avait vu juste, et que si Odette l'avait aimé plus qu'il n'avait cru, elle l'avait aussi trompé davantage. À *la recherche du temps perdu,* tome I, p. 523.

La parenthèse peut aussi être constituée d'une phrase complète. On notera que, dans ce cas, le point terminal de la phrase se trouve placé avant la parenthèse fermante, donc à l'intérieur de la parenthèse :

> Par l'intermédiaire d'une femme visionnaire et d'un homme saoul, vous avez été amené à retirer, à une poste restante, du courrier qui ne vous appartenait pas. (Notez, en passant, que c'est absolument irrégulier : la police, dans notre pays, n'a pas le droit de se faire remettre par la poste les correspondances privées; il faut un jugement, pour cela.) Alain ROBBE-GRILLET, *Les Gommes,* p. 169.

Enfin, dernière étape, la parenthèse peut être un ensemble de phrases, voire un alinéa entier :

> Promeneur insolite, Wallas s'avance à travers cet intervalle fragile. (Ainsi celui qui s'est attardé trop avant dans la nuit, souvent ne sait plus à quelle date appartient ce temps douteux où son existence se prolonge; son cerveau, fatigué par le travail et la veille, essaie en vain de reconstituer la suite des jours : il doit avoir terminé pour demain cet ouvrage commencé hier soir, entre hier et demain il n'y a plus la place du présent. Épuisé tout à fait il se jette enfin sur son lit et s'endort. Plus tard, lorsqu'il s'éveillera, il se retrouvera dans son aujourd'hui naturel.) Wallas marche. *ID., Ib.,* pp. 50-51.

REMARQUE

Des auteurs contemporains soulignent le rôle de la parenthèse par une disposition typographique qui met en évidence le phénomène d'insertion :

> Les trois dernières marches sont franchies avec plus de vigueur, dans la hâte sans doute d'atteindre le palier. L'homme est maintenant devant la porte; il s'arrête un moment pour reprendre haleine...
>
> (...un coup, trois petits coups rapides...)
>
> Mais il ne s'attarde pas plus de quelques secondes et commence à gravir la volée suivante. *ID., Ib.,* p. 99.

AUTRES EMPLOIS DES PARENTHÈSES :

1. — Indication d'un *jeu de scène :*

Dans les pièces de théâtre, l'auteur note, entre parenthèses, diverses indications relatives au jeu des acteurs :

LE PÊCHEUR
Je vous demande pardon...

LA SECRÉTAIRE (se *retournant vers Diego et Victoria*).
À bientôt! (*Au pêcheur*). Qu'est-ce qu'il y a encore ?

LE PÊCHEUR *(avec une fureur croissante)*
Je viens du premier étage, et on m'a répondu...

CAMUS, *Théâtre, Récits,* p. 239.

2. — Dans un texte, la parenthèse peut servir à nous offrir un choix :

Pour l'argent, tant qu'on voudra! Et le mari se félicite d'avoir une (ou des) femme(s) qui lui rapporte(nt). GIDE, *Journal,* p. 1303.

Je lis un conte de Maupassant (*Le Parapluie*), lecture coupée par le bruit des (ou du) zeppelin(s). *ID., Ib.,* p. 532.

3. — Dans une note bibliographique, dans un dictionnaire, diverses mentions peuvent figurer entre parenthèses : le prénom, les dates de naissance et de décès :

Artaud (Antonin), écrivain français né à Marseille (1896-1948). *Petit Larousse illustré.*

4. — La parenthèse est un élément régulier, mais non obligatoire, de l'appel de note : (1).

5. — Lors d'une énumération dont on affecte les composants d'un chiffre ou d'une lettre qui en déterminera l'ordre, ce chiffre ou cette lettre peuvent être suivis d'une parenthèse fermante .

J'ai dû aller deux fois en Allemagne cette année :
1) en hiver avec M. Denis.
2) en été (conférence à Weimar). GIDE, *Journal,* p. 1145.

CUMUL DE SIGNES

Les exemples l'ont montré, la parenthèse, surtout la parenthèse fermante peut (mais ne doit pas nécessairement) voisiner avec un autre signe de ponctuation.

La parenthèse fermante peut être précédée du signe de ponctuation nécessaire à l'énoncé de la proposition qu'elle contient : (*id.*)

Le plus souvent elle sera suivie d'un signe de ponctuation qui la sépare de ce qui suit : une virgule ou un point.

On hésitera cependant à accumuler sans raison les signes de ponctuation de part et d'autre d'une parenthèse, qu'elle soit ouvrante ou fermante.

Fait assez remarquable, le contenu de la parenthèse peut n'être qu'un seul signe de ponctuation, point d'interrogation ou d'exclamation qui prend alors une valeur symbolique (?), (!).

Il est donc possible de trouver une séquence de quatre signes de ponctuation :

> Jamais de mouvement tournant, sauf à Waterloo, où il [Napoléon] échoue (?). CLAUDEL, *Journal,* p. 205.

De toute façon on évitera de terminer la phrase par la séquence ⌜.).⌝ Un des deux points tombera, selon que la parenthèse contient ou non la phrase entière.

II
LES CROCHETS

Les crochets peuvent être de diverses sortes, mais toujours avec les deux formes, l'ouvrante et la fermante.

Nous examinerons successivement les crochets droits [], les crochets obliques, dits aussi «en chevron» ⟨ ⟩ et les demi-crochets, d'apparition relativement récente et d'emploi assez particulier ⌜ ⌝.

A. Les crochets droits

Ces signes d'insertion se font relativement rares en littérature. D'abord ils ne figurent pas au clavier des machines à écrire de modèle courant; ensuite, ils rappellent peut-être un peu trop le graphisme des mathématiques.

Nous devons donc nous attendre à les trouver dans de ouvrages documentaires ou techniques, dans le domaine de la science plutôt que de la littérature. Mais aussi dans les éditions philologiques : l'édition du *Journal* de CLAUDEL dans la collection de la Pléiade est un vivant exemple d'utilisation rationnelle des crochets.

1. Au contraire de ce qui se pratique en mathématiques où les crochets ont le pas sur les parenthèses, en littérature et dans les écrits techniques, la parenthèse vient d'abord et peut contenir des crochets.

> Les Baléares (Minorque [Port-Mahon], Majorque [Palma], Cabrera, Formentera) tentent chaque année des milliers de touristes.

Pour d'élémentaires raisons de clarté on évite donc d'ouvrir une parenthèse à l'intérieur, d'un texte figurant déjà entre parenthèses.

2. De même, il est déconseillé d'ouvrir une nouvelle parenthèse juste quand on vient d'en fermer une. On recourt aux crochets.

   Pierre Benoit (1886-1962) [Acad. fr. 1931].

3. Vu l'emploi assez rare des crochets et spécialement des crochets en première position dans une succession de signes d'insertion, l'usage se généralise de conférer aux crochets droits une mission particulière : celle d'indiquer, dans un texte, les interventions étrangères à l'auteur de ce texte.

   Dans des éditions de condensés ou de fragments, des ouvrages scolaires, notamment, on relie les différents passages du texte de l'auteur par un résumé placé entre crochets droits.

   À la page 11 de l'édition du *Père Goriot* dans les «Petits Classiques Larousse», nous pouvons lire :

   «Nous avons donc tué le mandarin ? lui dit un jour Blanchon en sortant de table.

   — Pas encore, répondit-il, mais il râle.»

   [Rastignac traverse en effet une crise pénible. Mme de Nucingen le fait souffrir en jouant avec lui au jeu de la coquetterie. L'étudiant se trouve de nouveau tenté par les cyniques projets de Vautrin et séduit en même temps par la douceur de Victorine Taillefer.]

   Parfois en se voyant sans un sou, sans avenir, il pensait, malgré la voix de sa conscience, aux chances de fortune dont Vautrin lui avait démontré la possibilité avec Mme Taillefer.

4. Les crochets droits signalent donc une intervention étrangère.

   Celle-ci ne consiste pas toujours en un résumé : un des cas les plus fréquents d'intervention de ce genre consistera à expliciter un pronom personnel commençant une citation.

   Ainsi, la dernière phrase citée en exemple devrait devenir, si le lecteur ne sait pas qui représente le pronom *il* :

   Parfois en se voyant sans un sou, sans avenir, il [Vautrin] pensait, malgré la voix de sa conscience...

5. Inversement, dans une citation, il est possible que certains détails du texte soient jugés inutiles. Afin de ne pas dénaturer le texte mais d'avertir néanmoins le lecteur qu'une coupure a été opérée, on indique, à l'endroit du passage sauté, trois points de suspension entre crochets : [...].

   Si, pour une raison quelconque, nous décidions de supprimer de la phrase en question, le complément *malgré la voix de sa conscience,* nous devrions écrire :

Parfois en se voyant sans un sou, sans avenir, il pensait [...] aux chances de fortune dont Vautrin lui avait démontré la possibilité avec Mme Taillefer.

6. Les crochets droits sont les signes qui nous avertissent d'une addition, d'une suppression faites au texte original.

   Certaines anthologies poussent le scrupule jusqu'à donner entre crochets le titre de certaines œuvres quand celui-ci n'est pas de l'auteur. Exemple [*Le Cygne*] de MALLARMÉ; cette présentation nous signale que ce n'est pas Mallarmé qui a ainsi intitulé son fameux poème.

7. Les éditeurs de textes résolvent entre crochets droits les abréviations que pouvait comporter le manuscrit.

Dans le *Cahier V* du *Journal* de CLAUDEL (Pléiade, p. 695), nous lisons :

Du 25 oct[obre] au 13 nov[embre] je préside le jury d'examen du Concours des A[ffaires] E[trangères] où se présente [...]. Il s'est fait refuser.

Les quatre premières paires de crochets restituent le texte complet. Pour la cinquième paire, les éditeurs François Varillon et Jacques Petit nous avertissent que le nom a été supprimé. (Discrétion élémentaire.)

8. Lorsque l'éditeur se rend compte que le texte qu'il doit publier donne une forme fautive ou douteuse, lorsque vous-même devez reproduire un passage comportant une faute, il est d'usage de recourir au terme latin *sic* que généralement on note entre parenthèses et en italiques puisqu'il s'agit d'un mot latin.

   Pour être tout à fait conforme au code qui régit l'usage des crochets, ce sont des crochets droits qui doivent encadrer *sic :*

La forêt est rejointe au jardin par une exploration [*sic*] de fleurs. CLAUDEL, *Journal I,* p. 856.

28 [février]. À bord danses et comédies très amusantes donné [*sic*] par les marins. ID., *Ib.,* p. 763.

9. L'usage est général, aujourd'hui, dans les dictionnaires et les ouvrages philologiques, de donner entre crochets la prononciation des mots en alphabet phonétique.

Usine [yzin].
Débours [debur].
Isthme [ism].

10. Un usage typographique recourt au crochet droit ouvrant pour signifier que la fin d'un vers que la justification ne permettait pas de faire figurer sur une ligne doit être rattachée à la ligne supérieure :

> Comme on voit sur la branche au mois de mai
> [la rose...

B. Les crochets en chevron ou crochets obliques

Ces crochets constituent un signe relativement libre dans l'arsenal des signes de ponctuation :

On les appelle quelquefois *crochets de restitution* parce qu'ils sont assez souvent employés pour signaler une partie de mot (au début ou à la fin de la ligne) que l'on a dû conjecturer.

> Il se mit à chant⟨er⟩.

L'usure des bords de la feuille, les chutes et pertes dues à des reliures successives peuvent amputer certaines mentions, spécialement des notes portées en marge.

Si l'on emploie ce signe à une autre fin, il est bon d'en avertir le lecteur par une note liminaire. Un crochet ouvrant en chevron indique parfois que l'on passe d'une page à la suivante dans le manuscrit que l'on édite.

C. Les demi-crochets

Les philologues ont recours, depuis un certain temps, aux demi-crochets pour mettre en évidence certains mots ou groupes de mots qu'un changement de caractère ne parviendrait pas toujours à faire ressortir ou à distinguer de façon satisfaisante. Ce signe est moins encombrant, moins lourd aussi que les guillemets et ne permet pas d'équivoque.

En voici deux exemples :

> La notice de Haust ne mentionne pas seulement les ⌜trous de sotês⌝ fréquents en toponymie mais plusieurs expressions attestées çà et là... (E. LEGROS, *Le wallon liégeois sotê...* dans *Les Dialectes belgo-romans,* t. XXI, p. 110.)

Les auteurs (HANSE, DOPPAGNE, BOURGEOIS-GIELEN) de la *Chasse aux belgicismes,* afin de distinguer les deux mots composant la locution belge *tout des* et montrer qu'un de ces deux termes est légitime et l'autre non en français central, ont écrit

> Il y a ⌜*tout*⌝ *des* crasses dans le verre.

Tout des est imprimé en italique parce qu'il forme une expression ; ⌜*tout*⌝ est isolé spécialement de *des* parce qu'il constitue l'anomalie.

Chasse aux belgicismes, p. 82.

III
LES TIRETS

En tant que signes d'insertion, les tirets se situent, pour leur puissance expressive, à peu près au niveau des parenthèses. Le message à insérer dans un texte, peut l'être différemment selon que l'on recourt aux parenthèses, aux tirets ou aux virgules.

Partant de l'exemple suivant :

> L'enfer — aussi bien que le paradis — est en nous. GIDE, *Journal,* p. 677.

nous pouvons comparer les effets produits par d'autres signes que l'on pourrait charger de cette mission d'insertion.

Les parenthèses :

> L'enfer (aussi bien que le paradis) est en nous

laisseraient la remarque plus dans l'ombre, auraient tendance à la minimiser.

Les virgules :

> L'enfer, aussi bien que le paradis, est en nous

sembleraient mettre tout sur le même pied et rendraient l'expression plate et neutre.

Les tirets relèvent l'expression au lieu de l'amoindrir et attirent l'attention sur la remarque qu'ils contiennent plutôt que d'inviter à la négliger.

Il y a finalement quelque chose de subjectif dans la façon de recevoir le message : quelque chose, oui, mais pas tout.

1. Les tirets jouent un rôle voisin ou identique à celui des virgules :

Je me suis ressaisi, pour le piano, et j'ai joué hier, — Agnès Copeau écoutant — à peu près aussi bien que je peux jouer lorsque je n'étudie pas davantage. GIDE, *Journal,* p. 424.

Brusquement rappelé de Roquebrune — où j'étais depuis six jours et commençais à travailler — par la consternante mort de Rivière. *ID., Ib.,* p. 803.

En général — affirrne-t-elle — les soldats, presque tous les soldats, pleuraient; les officiers et sous-officiers plastronnaient. *ID., Ib.,* p. 463.

2. Le message inséré entre les tirets peut comporter une ponctuation :

À l'unanimité, le premier prix — mille pesetas : cinq mille francs au change d'alors — lui fut décerné par le jury. MONTHERLANT, *Essais,* p. 607.

3. Les tirets, subordonnés aux parenthèses, peuvent jouer le rôle de parenthèses secondes ou internes :

L'autre jour, à Vista Alegre, je battais la semelle en attendant l'ouverture des arènes (je raffole de ces arènes banlieusardes où le peuple vient voir tuer de petits taureaux hirsutes, apocalyptiques, et tuer aussi — double plaisir — les matadors, gamins débutants, d'une imprudence folle, décidés qu'ils sont à s'imposer coûte que coûte). *ID., Ib.,* p. 615.

Jusqu'à la semaine avant-dernière, j'ai poussé aussi loin que j'ai pu la rédaction de mes Mémoires (conversation pathétique avec Albert Jalaguier j'ai changé le nom — et les réflexions qui l'ont suivie). André GIDE, *Journal,* p. 622.

Une phrase de Gide nous offre, à elle seule, une illustration de trois valeurs distinctes du ou des tirets :

Mais je voudrais en dire beaucoup plus — parler en particulier de cette fausse grâce, de cette afféterie (retard de la note supérieure inopinément bémolisée — pour tromper une attente il faut bien d'abord ménager celle-ci, faire attendre — vers la fin du prélude en fa majeur) qui immanquablement montre le bout de son oreille fardée, là où la vraie sensualité, riche, inquiétante, indécente — fait défaut. *Journal,* p. 954.

Le premier tiret a manifestement la valeur de deux points : *Mais je voudrais en dire beaucoup plus : parler...*

Les tirets suivants sont des signes d'insertion employés à l'intérieur d'une parenthèse; le dernier est un signe pausal annonçant la chute de la phrase.

4. *L'absence de forme fermante pour les tirets* entraîne quelques conséquences :
Devant un signe pausal important, point ou point virgule, le tiret terminal ne se note pas, il cède la place :

> Martin du Gard et M. viennent me chercher en auto et me ramener à la Villa — que j'espère pouvoir quitter bientôt pour Cuverville. GIDE, *Journal,* p. 802.

La relative devrait normalement se situer entre tirets. Le second tiret s'efface devant le point final.
Dans l'exemple suivant, il s'efface devant deux points :

> Je note cette phrase du livre d'Adler — que je lis avec la satisfaction la plus vive : « Il est facile aux médiocres... » *ID. Ib.* p. 690.

Certains auteurs abusent du tiret et la clarté du message est compromise. Témoin ce passage de Marguerite DURAS :

> À Cette distance — il attend — je m'excuse — il est net — je ne reconnais pas. *L'Amour,* p. 130.

Nous aurions préféré une autre ponctuation :

> À cette distance... (*il attend*)... je m'excuse... (*il est net*)... je ne reconnais pas.

Le tiret n'est pas un passe-partout : certains théoriciens, d'ailleurs, le boudent, le considèrent comme une faiblesse de l'auteur.

Le tiret paraît tellement important à certains qu'ils en perdent la perspective hiérarchique des signes. Chez M. DURAS, en plusieurs endroits, c'est le point qui s'incline devant le tiret au lieu du contraire :

> Le voyageur cherche à répondre, plusieurs fois il ouvre la bouche pour répondre.
>
> — C'est-à-dire... — il s'arrête —
>
> Sa voix est sans écho.

Normalement il eût fallu : — *il s'arrête.* et non — *il s'arrête* —
Cette manifestation prouve l'importance énorme attribuée au tiret par l'auteur en question.
L'absence de forme fermante pour le tiret entraîne une autre conséquence : il arrive que deux insertions juxtaposées se trouvent pour ainsi dire enchaînées par un tiret médian qui, en fait, est le résultat de la fusion d'un tiret fermant et d'un tiret ouvrant. En voici deux exemples :

> L'arbre qui se cramponne et se jette vers la lumière, — parbleu! — il faut le pouvoir, — tout ce qui ne le pouvait pas a été emporté par le torrent. GIDE, *Journal,* p. 807.

Il y a ici juxtaposition d'insertions : la première — *parbleu* — et la seconde — *il faut le pouvoir* —. Le tiret suivant *parbleu* s'est fondu avec celui qui introduit la deuxième insertion.

> De toute sa dignité, Dupont sent qu'il ne peut obéir — à cette mise en demeure méprisante — à ce tutoiement — devant son fils. ROBBEGRILLET, *Les Gommes,* p. 207.

Ici aussi, le tiret du milieu en représente deux.

5. *Les tirets se trouvent parfois employés pour renforcer les parenthèses.* Dans les deux exemples qui suivent, on ne peut parler de subordination d'un signe à l'autre mais d'une juxtaposition qui pourrait friser le pléonasme :

> Il [Gourmont] parle de la littérature et en général des « choses de l'esprit » avec une assez grande compétence et un goût le plus souvent très fin — (excellent son dialogue sur le romantisme et Lasserre par exemple) — mais dès qu'il traite d'alcoolisme, de vertu [...] il ne profère que des monstruosités [...]. GIDE, *Journal,* p. 256.
>
> Joie de savoir encore complètement par cœur toutes les variations symphoniques — (du moins je les retrouve complètement après deux heures d'étude) — moins le milieu du finale, que j'abandonne. ID., *Ib.,* p. 827.

On voit très bien qu'il n'y a pas double insertion mais un double signe pour n'en faire qu'une.

6. Le tiret terminal, en présence d'une virgule, met auteurs et typographes dans l'embarras : faut-il noter virgule — tiret ou tiret — virgule ?

Cette question ne se pose que là où le message inséré est normalement suivi de virgule.

Il est permis d'hésiter car si l'on considère les tirets comme des parenthèses, il est normal de mettre la virgule après le tiret.

Mais un tiret n'étant pas exactement une parenthèse, l'autre usage semble prévaloir. L'esthétique y est peut-être pour quelque chose.

> Mais, des approches de la mort — car parfois il a pu m'apparaître que je tirais à ma fin, — j'ai mesuré, non l'importance des monuments qui nous perpétuent, mais leur vanité. MONTHERLANT, *Essais,* p. 317.
>
> C'est elle qui m'a fait devenir, par instants, autre chose que moi-même. C'est elle ma valeur. Avec quelle force et (moi si mobile) avec quelle constance — depuis toujours, — cela, je le sais ! *ID., Ib.,* p. 515.

Aucun doute n'est permis lorsque le tiret n'est pas signe d'insertion :

> La religion, — ensuite l'attrait des âmes, — ensuite la fraternité... *ID., Ib.,* p. 317.

Naturellement, dans la plupart des cas, aucune ponctuation ne voisinera avec le tiret :

> Un homme qui avoue publiquement son ambition — être ministre de ceci ou de cela, directeur de ceci ou de cela — me cause la même gêne que la femme qui « se fait une beauté » en public. *ID., Ib.,* p. 1204.

IV
LES GUILLEMETS

Le terme «guillemets» serait un dérivé de Guillaume, nom de l'inventeur prétendu de ces signes (XVIIe s.).

Les guillemets sont des signes d'insertion qui s'emploient par paires : les *guillemets ouvrants* et les *guillemets fermants.*

Leur rôle essentiel est de *marquer le changement d'auteur du discours.* Les guillemets sont donc appelés à encadrer toute citation, toute intervention d'un personnage en discours direct.

1. *Le texte à citer forme une phrase :*

a) Après trois mois de guerre (1914), Wilson, inspiré par l'Allemagne, fait à Jusserand la proposition suivante : «Les Allemands se retireront et remettront chez vous tout en ordre.» Jusserand répond : «Et est-ce qu'ils nous rendront nos morts ?» MONTHERLANT, *Essais,* p. 977.

Nous constatons :

- que les citations sont annoncées par les deux points;
- qu'elles sont encadrées de guillemets;
- que ces guillemets contiennent la ponctuation terminale de chaque citation, coïncidant chacune, justement, avec la fin de la phrase qui la présente.

b) La citation consiste en un discours direct :

Il dit : «Nous partirons demain en rezzou contre Bonnafous. Trois cents fusils.» SAINT-EXUPÉRY, *Œuvres,* p. 197.

2. *Le texte à citer ne forme pas une phrase*

Le texte cité peut ne pas coïncider avec une phrase : dans ce cas, on n'aura pas recours aux deux points et les guillemets seront ouverts et fermés aux endroits exacts où le texte cité commence et se termine.
Voyons cet exemple, tiré de *L'homme révolté* de CAMUS :

> Lorsque le procureur anglais observe que, «de *Mein Kampf,* la route était directe jusqu'aux chambres à gaz de Maïdanek», il touche au contraire au vrai sujet du procès, celui des responsabilités historiques du nihilisme occidental, le seul pourtant qui n'ait pas été vraiment discuté à Nuremberg, pour des raisons évidentes. *Essais,* p. 587.

Nous voyons ici que les guillemets voisinent également avec une ponctuation, mais que celle-ci leur est extérieure et fait partie de la phrase de Camus, non de la citation.

3. *Dans le cas de dialogue, les guillemets entrent en concurrence avec les tirets*

a) Un dialogue peut s'inscrire entre des guillemets et recourir aux tirets à partir du deuxième discours direct. C'est ce que fait Michel BUTOR :

> «Tu sais bien que je préfère le wagon-restaurant.
> — Ta valise est prête sur notre lit. Je retourne à la cuisine.
> — Au revoir. À lundi prochain.
> — Nous t'attendrons; ton couvert sera mis; au revoir.» *La Modification,* p. 275.

Ce procédé devient rare.

b) La conduite la plus fréquente sera de se dispenser totalement des guillemets pour charger les tirets de signaler toute intervention d'interlocuteur :

> Il ouvrit les yeux.
> — Quelle heure est-il ?
> — Minuit.
> — Quel temps fait-il ?
> — Je ne sais pas...
> Il se leva. Il marchait lentement vers la fenêtre en s'étirant.
> — Je n'aurai pas très froid. Quelle est la direction du vent ?
> — Comment veux-tu que je sache...
> Il se pencha :
> — Sud. C'est très bien. Ça tient au moins jusqu'au Brésil. SAINT-EXUPÉRY, *Œuvres,* p. 107.

4. *Lorsque la citation est introduite par les deux points et termine la phrase, le point terminal se place avant le guillemet fermant.* On a pu le constater.

5. *Si la citation n'est pas introduite par les deux points, le point final se place après le guillemet fermant;*

   Le vertueux Sénèque conseille vivement qu'on se pique le nez; «parfois même on peut aller jusqu'à l'ivresse». MONTHERLANT, *Essais,* p. 1154.

6. *Une incise brève n'entraîne pas la fermeture et la réouverture des guillemets.*

   «Il n'y a, me dit Max ce matin, que trois rôles, dans le théâtre classique, que j'aie souhaité jouer : Oreste, Néron, Polyeucte; ...» GIDE, *Journal,* p. 126.

7. *À l'intérieur d'une phrase, le guillemet fermant est normalement suivi de la ponctuation éventuelle exigée par la phrase,* sauf s'il s'agit de la première virgule d'une incise.

   «Qu'est-ce que c'est ?» crie-t-elle, effrayée. H. BAZIN, *L'Huile sur le feu,* p. 88.

8. *La ponctuation interne de la citation doit, évidemment, être respectée.* La ponctuation qui, dans le texte cité, termine le passage que l'on reproduit s'efface devant les impératifs qui régissent la ponctuation de la phrase où la citation est insérée. Exception sera faite :

   a) Pour les points d'interrogation et d'exclamation ;

   ... il disait : «Partons!», mais elle ne bougeait pas. MONTHERLANT, *Essais,* p. 1142.

   b) Pour le cas du point terminal d'une citation introduite par deux-points et qui clôture la phrase.

   Au proverbe qui affirme «Tel père, tel fils», il est facile de répondre par «À père avare, fils prodigue».

   Il est évident que, isolément, le proverbe *Tel père, tel fils* se termine par un point. Ce point n'a pas été reproduit : il s'efface devant la virgule de la phrase où il est cité. Le second proverbe, n'étant pas introduit par deux points, perd son propre point final au profit de celui de la phrase qui contient la citation.

   En revanche, on écrirait :

   Au proverbe qui affirme «Tel père, tel fils», il est facile de répondre par celui qui rétorque : «À père avare, fils prodigue.»

9. *Les vers ne se citent pas entre guillemets,* mais en respectant leur présentation typographique. Très souvent, pour des questions de justification, on change de caractère : corps plus petit, italique.
Les vers cités sont disposés au milieu de la ligne, centrés :

> Nul, de nos jours, n'a mieux ni plus constamment aidé au progrès de l'esprit; nul n'était mieux en droit d'écrire :
>
> Je sais où je vais
> Laisse-toi conduire.
>
> ni capable de conduire si loin. GIDE, *Journal, Souvenirs,* p. 117.

Si la disposition des vers devait ne pas être respectée (pour gagner de l'espace, par exemple), on les citerait entre guillemets mais en respectant la majuscule à l'initiale de chaque vers : «*Je sais où je vais Laisse-toi conduire* ».

10. *Lorsque l'on cite un dialogue,* l'ensemble est encadré de guillemets, mais on ne va pas à la ligne pour les réparties.
Pour citer ce dialogue de Saint-Exupéry :

> — C'est toi qui continues ?
> — Oui.
> — La Patagonie est là ?
> — On ne l'attend pas : disparue. Il fait beau ?
> — Il fait très beau. Fabien a disparu. *Œuvres,* p. 135.

on écrirait, par exemple :

> Un dialogue de *Vol de Nuit* : «— C'est toi qui continues ? — Oui. — La Patagonie est là ? — On ne l'attend pas : disparue. Il fait beau ? — Il fait très beau. Fabien a disparu.»

11. *Citations contenant déjà des citations*

Il est évident que des successions de guillemets qui s'ouvrent et qui se ferment dans un même texte ne peuvent que compromettre la clarté.

Pour sauvegarder cette qualité indispensable du message, la typographie moderne recourt à des guillemets de formes différentes. La première paire utilisée sera, naturellement, les guillemets habituels que nous nommerons *guillemets français* et qui s'écrivent au niveau des lettres [« »].

Si, à l'intérieur d'une citation encadrée de ces guillemets français nous devons en prévoir une seconde, toute confusion lors de la fermeture des seconds guillemets sera évitée si nous avons pris la précaution, pour cette deuxième partie, de choisir les *guillemets anglais* qui se situent au-dessus de la ligne [“ ”].

En cas de besoin, pour une troisième citation, nous pouvons encore recourir aux *guillemets allemands* qui se distinguent des autres parce que chaque signe ne comporte qu'un élément [' '].

Il est possible d'aller plus loin encore dans le maintien de la clarté : en utilisant, pour la citation entière, un corps plus petit ou des italiques.

Nous obtenons donc, pour des citations en cascade, le schéma suivant : «" ' ' "».

Appliquons ce système en faisant la citation d'un passage des *Essais* de MONTHERLANT (p. 1477) :

> Dans un article intitulé *Une jeune fille française lit Goethe* et publié en 1943, Montherlant écrit ceci : «Goethe désigne le manuscrit ou le volume d'une de ses pièces, et dit : " Ce qui est important, c'est que ce soit écrit. Après cela, que le public y prenne le bien qu'il est capable d'y prendre, ou n'y prenne rien, peu importe. " Et Benjamin Constant de s'écrier : " Singulier système que celui de compter le public pour rien, et de dire, à tous les défauts de sa pièce : 'Il s'y fera!'. " Mais là, je suis avec Goethe.»

12.*Les guillemets de suite*

On appelle *guillemets de suite* les guillemets fermants dont on fait précéder chaque ligne d'une citation interne ou citation seconde, si celle-ci est longue.

L'usage de ces guillemets est en régression : probablement parce que le recours aux guillemets de différentes formes apporte plus de clarté et moins de lourdeur au texte.

Voici ce que donnerait avec les guillemets de suite, la citation que nous ferions d'une page du *Journal* de GIDE :

> À la date du 15 janvier 1941, Gide note dans son *Journal :*
>
> «À l'appui de ce j'écrivais hier, je trouve dans le commentaire de Jean Schlumberger sur Thucydide, une réflexion qui ne m'avait point frappé suffisamment lors des précédentes lectures, et qui me parait aujourd'hui d'une pertinence singulière.
>
> «Ce n'est point par haine de la démagogie athénienne, dit-il,
> » que Thucydide *écoute* les arguments de Sparte. *C'est par un*
> » *penchant de l'âme autrement rare et suspect et qui le*
> » *compromet jusque dans les racines de sa volonté.* Thucydide
> » veut connaître " les affaires des deux partis ", non pas pour
> » pénétrer les secrets de l'ennemi, dénoncer les raisons de ses
> » succès et mettre en évidence ses points faibles. Un tel désir
> » monte-t-il à son cœur dans des moments d'impatience et de
> » fatigue ? Nous ne le savons pas. Nulle part nous ne surprenons
> » un tel fléchissement de sa pensée et un tel rétrécissement de
> » son émotion. Il faut bien admettre chez lui, même à

» l'égard de Sparte, ce mouvement de sympathie et de » curiosité sans lequel il n'y a pas d'équité. »

Ces réflexions que Jean Schlumberger écrivait en 1913, je voudrais savoir s'il les eût écrites encore après l'été 1914 et s'il pense qu'elles sont encore valables dans la situation d'aujourd'hui. » GIDE, *Journal, Souvenirs,* p. 67.

13. Il ne reste de difficulté ou d'embarras que dans le *cas où plusieurs guillemets se ferment au même endroit* du texte.

S'il est difficile d'admettre le cumul de signes [». »], on admettra déjà plus aisément [". »].

En général, cependant, on se contente d'un seul guillemet fermant, celui qui paraît le plus logique.

14. *Concurrence des guillemets avec l'italique*

Les guillemets, dans un texte, encadreront tout ce qui paraît anormal dans la langue : un mot inconnu, un néologisme non encore accrédité, un terme régional, technique, un mot en langue étrangère et même un mot français auquel on donne une acception particulière, élargie ou restreinte :

Dans la voie du « péché » il n'y a que le premier pas qui coûte. GIDE, *Journal,* p. 277.

Serais-je vraiment, comme le disent les journalistes, « inhumain » ? MONTHERLANT, *Essais,* p. 1116.

La typographie moderne préfère, en général, recourir aux caractères italiques :

... ce café *espresso* dont vous aviez envie... BUTOR, *La Modification,* p. 77.

Constante *vagabondance* du désir. GIDE, *Journal,* p. 358.

Encore un samedi. Encore un *sabado* [sic] *de gloria.* MONTHERLANT, *Essais,* p. 806.

La concurrence peut se présenter, chez le même auteur, et, qui plus est, dans la même phrase :

S'il n'y avait que cela de « mis en cause » dans mon drame, il n'aurait pas été d'*actualité* [...]. Du reste, je vois venir un temps où les problèmes *moraux* n'intéresseront plus que quelques timorés. GIDE, *Journal,* p 1107.

15. *Pour la mention des titres d'ouvrages,* de périodiques, de journaux, on recourt aux italiques plutôt qu'aux guillemets. Dans un manuscrit, l'italique s'indique en soulignant d'un trait ce qui doit apparaître dans ce caractère.

Je viens de relire *Pot-Bouille* avec admiration. *Id., Ib.,* p. 1137.

Le *Journal de Genève* relève le lugubre silence que la réponse des Alliés... *Id., Ib.,* p. 614.

Afin d'éviter que se suivent deux mentions en italiques, on pourra, s'il le faut, en faire une encadrée de guillemets. Pour éviter *La Vie du langage, Le Monde* on écrirait :

«La Vie du langage», *Le Monde.*

C'est un pléonasme et une démarche inutile de cumuler guillemets et italiques. On écrira *Les Hommes de bonne volonté* et non «*Les Hommes de bonne volonté*».

Dans certains cas, les guillemets permettront d'isoler une partie du titre général :

... la *Préface aux* «*Fleurs du Mal*» (réédition de Pelletan) dont je suis assez satisfait. GIDE, *Journal,* p. 623.

V
LES VIRGULES

Les virgules, tout comme les tirets, ont leur place dans la liste des signes d'insertion. Elles marquent le fait que l'on intercale dans la phrase une proposition très courte nommée incise (*dit-il, fit-elle, s'écria-t-il, hurla-t-il, balbutia-t-il, soupira-t-elle, firent-ils en chœur,* etc.).

Le contenu des virgules d'insertion peut également être un seul mot ou un groupe de mots *(faut-il être naïf, suis-je donc bête, n'est-ce pas,* etc.).

VI
LES BARRES OBLIQUES

Plusieurs ouvrages, dont le *Trésor de la langue française,* recourent à l'insertion, entre barres obliques, d'un renseignement bien précis.

Ainsi, le *Trésor* suit la tradition en notant entre crochets droits la prononciation des mots, mais indique entre barres obliques la notation phonologique :

> **Absolution**, substantif féminin.
> Prononciation : [absɔlysjɔ̃]... /apsolysiõ/

QUATRIÈME PARTIE

LES SIGNES D'APPEL

Par *signes d'appel* nous entendons toutes les manifestations graphiques qui, en dehors du texte et des signes de ponctuation courants que nous avons examinés jusqu'ici, s'adressent au lecteur pour l'avertir ou l'informer de certains faits : division et subdivision du texte, renvoi à une note, signal quelconque.

Plusieurs auteurs estiment que ces signes relèvent plutôt de la typographie que de la ponctuation. Comme nous le verrons la frontière entre ces deux domaines est souvent floue. Nous estimons d'ailleurs que l'intelligence des signes typographiques est indispensable au lecteur et qu'il nous incombe d'en traiter aussi bien que des signes de ponctuation. Sinon, qui le ferait ?

I
LES GRANDES DIVISIONS

Il ne serait pas exagéré de parler de «macro-ponctuation» pour certaines précautions que l'on a l'heureuse habitude de prendre pour aérer le texte d'un message long.

C'est de cet esprit que participe le souci de diviser, au besoin, une œuvre en *tomes, parties, livres, titres, chapitres, sections, articles.*

Nous nous approchons de la ponctuation, nous y touchons même, quand nous arrivons au *paragraphe* et à *l'alinéa*. Plusieurs théoriciens font commencer la ponctuation au niveau de l'alinéa et nous ne pouvons leur donner tort : nous songerions même au paragraphe.

Il est capital que le lecteur d'une œuvre longue soit guidé pour se situer dans cette œuvre : des titres, des sous-titres peuvent l'y aider (on peut intituler des parties jusqu'au niveau du paragraphe) mais, même sans titre, un paragraphe doit pouvoir être facilement perçu par l'œil du lecteur.

II
LE PARAGRAPHE

Le chapitre est, normalement, divisé en *paragraphes,* les paragraphes en *alinéas,* et les alinéas se composent de *phrases.*

Comment marquer le paragraphe et le distinguer de l'alinéa (car ces deux notions ont une fâcheuse tendance à être confondues aujourd'hui) ?

Pour les textes administratifs, juridiques, techniques ou didactiques, le moyen est simple : il existe un signe particulier qui signale le début du paragraphe [§].

Signe d'appel, le signe § est initial et non terminal, contrairement à la plupart des signes de ponctuation.

En général, ce signe est suivi d'un chiffre arabe : § 3 doit se lire «paragraphe trois». Mais ce numéro d'ordre n'est nullement indispensable et l'on trouve des ouvrages divisés en paragraphes non numérotés, chacun de ces paragraphes commençant par le seul signe §.

Si le paragraphe est intitulé, le signe § se met devant le titre; dans le cas contraire, il se place au début de la première ligne de texte.

Dans les textes littéraires, dans les lettres, dans la rédaction courante, le signe § n'est pas employé. Cela n'empêche pas le paragraphe d'exister et on le marque, on le signale à l'œil du lecteur par trois conduites concurrentes :

- Aller à la ligne après le point final du paragraphe qui précède;
- Créer un interligne plus important que celui qui sépare deux lignes du texte;

– Ménager un renfoncement au début de la première ligne du paragraphe suivant : on ne le commence qu'un peu en retrait par rapport aux autres lignes du texte.

Pour diverses raisons, qui peuvent aller de l'importance de la division jusqu'à des préoccupations d'ordre esthétique, l'interligne qui sépare ainsi deux paragraphes peut être peuplé de signes divers : un tiret, un filet, un astérisque, deux ou trois astérisques disposés à l'horizontale, trois astérisques disposés en triangle, voire un cul-de-lampe.

III
L'ALINÉA

L'alinéa est la division du texte immédiatement inférieure au paragraphe, immédiatement supérieure à la phrase. Aucun signe ne le marque : seuls deux blancs attirent l'attention du lecteur et l'avertissent de l'alinéa :

- le blanc laissé en fin de ligne après le point terminant la dernière phrase de l'alinéa précédent;
- le renfoncement prévu au début de la ligne suivante pour le commencement de la première phrase de l'alinéa suivant.

Grâce à ce dispositif extrêmement économique, notre œil perçoit sans peine une double division :

- en alinéas à la fois par la gauche et la droite du texte;
- en paragraphes par les interlignes plus grands réservés à cet effet.

Sur ces deux points de la division du texte, l'époque actuelle s'oriente vers moins de clarté.

Une mode venant surtout des pays germaniques, ignore, néglige ou supprime le renfoncement ou retrait d'alinéa. De cette façon, la division du texte n'est plus perceptible que par la droite, par les fins de ligne. Et si, comme cela arrive quelquefois, une phrase se termine juste au bout de la ligne, l'alinéa ne pourra être marqué.

Les dactylos, généralement formées pour la correspondance, ont une tendance esthétique à peupler la page, même si la lettre est courte. Elles font, pour chaque alinéa, un interligne qui, en imprimé, serait réservé pour le paragraphe. En quelque sorte, les dactylos suppriment la notion d'alinéa pour la remplacer par celle de paragraphe.

L'importance de la dactylographie dans notre société a tendance à faire prévaloir cette confusion alinéa-paragraphe. Il convient pourtant de maintenir la distinction dans les textes imprimés et même dans les textes dactylographiés qui ne sont pas des lettres.

Autre tendance abusive et gênante : toujours dans le souci esthétique de «peupler la page», des dactylos prennent pour règle d'aller à la ligne après chaque point terminant une phrase!

Il est bon de rappeler qu'un ensemble de phrases forme un alinéa et que cette réunion de phrases n'est pas d'ordre esthétique mais fondamental. Forment un alinéa des phrases qui traitent d'un point qui leur est commun.

Un ensemble d'alinéas forme un paragraphe. Le paragraphe répond au même critère fondamental que l'alinéa, mais à un échelon supérieur.

Un texte, un chapitre peuvent fort bien ne pas présenter de division en paragraphes mais il n'est pas pensable qu'un auteur se dispense de faire des alinéas.

En principe donc, le fait d'aller à la ligne, le renfoncement, l'interligne plus marqué sont des signes d'appel tout aussi bien que le signe paragraphe lui-même.

IV
L'APPEL DE NOTE [(1)]

Lorsque l'auteur veut informer son lecteur d'un détail qui ne trouve pas nécessairement sa place dans le texte mais plutôt en dehors, il lui est loisible de renvoyer à une note en bas de page, en fin de chapitre ou en fin de volume.

On connaît le procédé : immédiatement après le terme ou le passage qui nécessite une information, l'auteur place un «appel de note» qui consiste généralement en un chiffre arabe en position supérieure et placé entre parenthèses ([2]). Parfois le chiffre se trouve sur la ligne (3). Parfois aussi, si le corps de caractère du chiffre est très petit, celui-ci affecte le mot en question à la manière d'un exposant [4] et il n'est nul besoin de parenthèses pour l'encadrer.

Puisque nous avons signalé les trois systèmes possibles de groupement des notes (bas de page, fin de chapitre, fin de volume) disons un mot de l'opportunité de ces trois conduites.

Le lecteur préfère toujours son propre confort : il souhaite trouver, sans démarche supplémentaire, la réponse à l'appel de note. La référence se fera donc en bas de page et les chiffres d'appel reprendront à 1 à chaque page.

Certains auteurs, et j'inclinerais à ajouter certains éditeurs, groupent toutes les notes d'un chapitre à la fin de celui-ci. Le lecteur doit s'interrompre pour une démarche, parfois difficile ou agaçante : chercher où se termine le chapitre et choisir, dans une liste qui peut être longue, la note qui répond au chiffre d'appel.

Cela peut indisposer le lecteur, le décourager. Un point peut militer en faveur de cette pratique pourtant : si le nombre de notes est tel que peu de place resterait au texte sur la page.

À choisir entre la fin de chapitre ou la fin de volume, je crois préférable de publier toutes les notes en fin de volume : on les y trouve plus facilement. Un obstacle : le nombre figurant l'appel de note peut être élevé, de l'ordre des centaines et, de ce fait, alourdir l'aspect même du texte.

Signalons que certains éditeurs demandent expressément à leurs auteurs des textes sans notes, c'est dire que les auteurs doivent s'efforcer d'introduire dans leur texte même les informations qu'en d'autres circonstances ils auraient réservées pour les notes.

Lorsqu'un appel de note se situe à la fin d'une phrase, il y a quelque hésitation dans l'usage : notera-t-on le point final avant ou après l'appel de note ?

Pour nous, la question est simple : la note et son appel concernent un élément qui fait partie de la phrase, donc l'appel doit précéder le point final. À l'intérieur d'une phrase, cet appel se placera toujours avant la ponctuation qui pourrait suivre le mot à gloser. La conduite sera la même en fin de phrase.

V
L'ASTÉRISQUE

La chose est courante et bien connue : le recours à l'astérisque est fréquent. Mais le mot est à protéger, et doublement. D'une part il subit l'assaut analogique d'un héros littéraire nommé *Astérix* avec lequel il convient de ne pas le confondre sur le plan de la prononciation. Un moyen mnémotechnique pour éviter la glissade : *Astérisques et périls!*

Autre menace : la question du genre. *Astérisque* est masculin : *un astérisque.*

Astérisque signifie *petit astre, petite étoile* et c'est en effet sous cette forme de petite étoile qu'il frappe, en exposant, certains mots dans un texte.

1. *L 'astérisque sert d'appel de note.* Au lieu de numéroter les appels à l'aide de chiffres arabes, on se sert d'un, de deux astérisques pour renvoyer à des notes de bas de page.

   À condition naturellement que ces notes ne soient pas nombreuses.

   Certaines éditions philologiques instaurent un double système d'appels de note. L'édition des *Essais* de CAMUS dans la collection de la Pléiade, par exemple, pratique les appels par astérisques pour les notes prévues par Camus lui-même et ces notes figurent en bas de page; les appels chiffrés pour les notes qui concernent les variantes du texte, et celles-ci sont réunies en fin de volume.

2. *L'astérisque peut être un signe de discrétion* par lequel on dissimule l'identité d'une personne ou d'un lieu.
   En général on trouve le nom propre remplacé par un groupe de trois astérisques : *le baron de ****; *l'hôtel de ****.
   Parfois, l'initiale du nom est figurée et suivie d'astérisques : *le chevalier de M***, l'abbé de D****.
   Charles NODIER a publié ses *Infernalia* sous le nom de Charles N*. Dans ces cas où l'astérisque tient lieu d'un nom propre on parle *d'astéronyme.*
   Le plus généralement on recourt à trois astérisques mais on trouve des cas où il n'y en a qu'un ou deux. Un certain usage voudrait qu'il y ait autant d'astérisques que de syllabes dans le nom que l'on veut celer.
   Nous verrons plus loin que le point et les points de suspension sont parfois appelés à jouer le rôle que nous venons de détailler pour l'astérisque.
3. En linguistique, l'astérisque peut être employé avec des missions assez diverses :
   a. Dans la plupart des dictionnaires français, l'astérisque placé en haut et devant un mot commençant par la lettre H (uniquement en tête d'article) signifie que ce H est aspiré et empêche la liaison :
      *hibou, *hangar, *haricot, *hérisson, *handicap, *hasard, *haïr mais *habitude, hapax, hameçon, héraldique, hirondelle.*
   b. Placé devant un mot, l'astérisque indique qu'il s'agit d'un terme restitué par conjecture. Voici, par exemple, l'article *Hargne* du *Nouveau dictionnaire étymologique* de DAUZAT, DUBOIS et MITTERAND :
      Hargne : XIIIe siècle, déverbal de l'ancien français *hargner,* gronder, emprunté au francisque **harmjan,* tourmenter.
      Cet astérisque signifie que le verbe *harmjan* n'a été trouvé dans aucun texte mais que les linguistes l'ont conjecturé en se fondant sur les lois de la phonétique historique.
   c. Placé après le mot, dans certains dictionnaires, l'astérisque renvoie à l'article prévu pour ce mot.
   d. Le besoin de signaler certains détails conduit des auteurs à multiplier les signes d'appel. Le *Nouveau dictionnaire étymologique* que nous venons de citer prévoit deux sortes d'astérisques.
      Le Supplément du *Robert* emploie *l'étoile* (distincte de l'astérisque) pour signaler «les ajouts aux articles des 6 volumes du Robert».

4. En paléographie, l'astérisque peut servir à indiquer une lacune du texte.
5. En typographie, l'astérisque peut servir à peupler l'interligne prévu pour marquer le passage d'un paragraphe à un autre.
6. L'astérisque sert aussi à désigner les volumes ou les tomes d'une œuvre qui en comporte plusieurs :

   À l'ombre des jeunes filles en fleurs ***

   désigne le troisième volume de cet ouvrage de PROUST.

   Ce ou ces astérisques figurent sous le titre de l'œuvre, sur la couverture, sur le dos et sur la page de titre.

VI
LE TIRET

Nous découvrons au tiret plusieurs emplois comme signe d'appel.

1. *Le tiret indique un changement de locuteur* : ce signe est extrêmement précieux pour présenter les dialogues.
   a. Dans les pièces de théâtre ou des œuvres dialoguées, l'auteur annonce la personne qui parle :

      MOI. — Humm!!! (*Je tire ma montre*) Oh! mais il est beaucoup plus tard que je ne croyais. En avez-vous encore pour longtemps ?
      LUI. — Vingt minutes.
      MOI, *résigné*. — Allons! Et qu'est-ce qu'elle raconte votre pièce ?
      ELLE. — Non! je ne veux pas en parler. Je ne l'ai racontée encore à personne, etc. GIDE, *Journal*, p. 333.

   b. Le nom du locuteur n'est pas systématiquement annoncé :

      Le voyageur parle le premier :
      — Ça va reprendre son cours.
      — Vous croyez ?
      — Je le crois. M. DURAS, *L'Amour,* p. 17.

2. Le tiret, dans certains dictionnaires, *remplace le mot vedette* pour éviter sa répétition et, du même coup, gagner l'espace :

   Paroxysme s.m. (Médecine) Maximum d'intensité d'un accès. Le — de la douleur. Par analogie. Dans le — de la colère. *Dictionnaire général.*

   Certains ouvrages, pour ce même emploi, recourent au tilde (~) :
   Pour cent (rapporter cinq ~). GREVISSE, *Le Bon usage*, p. 1298.

3. Le tiret sert également à *remplacer* la mention *idem* quand, dans un alignement, une même mention devrait être répétée ;

   Place de l'adverbe, 829 ;
   — de l'apposition, 212, 5° ;
   — de l'article, 338. GREVISSE, *Le Bon usage*, p. 1296.

4. Le tiret est régulièrement employé pour *appuyer une division.*
   a. Il sépare du titre le chiffre ou la lettre qui indique le rang d'un chapitre ou d'un paragraphe :

   I. — CLASSIFICATION DES SUBSTANTIFS

   1. Par le sens

   Suivant le point de vue considéré, on distingue trois sortes de classification.

   A. — Noms communs et noms propres

   Albert DAUZAT, *Grammaire raisonnée de la langue française,* p. 57.

   b. Il annonce en les isolant les parties d'un chapitre :

   Chapitre II

   Les guides spirituels

   Les formes de la prose d'idées. — Le renouveau de la pensée espagnole. — Philosophes, moralistes et essayistes. Bergson. — Polémistes traditionnalistes et catholiques. — Histoire et critique littéraire. Croce. — Prosateurs divers. Gide.

   Paul VAN TIEGHEM, *Histoire littéraire de l'Europe et de l'Amérique,* p. 316.

5. Il *met en évidence* les termes d'une énumération quelconque :

   Albert CAMUS : — Caligula
   — Le Malentendu
   — L'État de siège
   — Les Justes
   — Révolte dans les Asturies.

6. Le tiret peut être employé en typographie pour *peupler l'interligne* qui sépare deux paragraphes.

VII
LE POINT ABRÉVIATIF

1. Signe d'appel, le point avertit le lecteur de l'abréviation d'un mot. Mais il convient de connaître les différentes façons d'abréger les mots et de savoir que le point abréviatif est réservé à un seul cas : l'*abréviation par troncation*.

   a. Lorsque l'abréviation se fait par contraction, par suppression de lettres médianes et que la dernière lettre du mot est figurée, il n'y a aucune raison de mettre le point.

   Ainsi Docteur est abrégé en Dr, Madame en Mme Mademoiselle en Mlle; la dernière lettre de ces mots étant écrite on ne peut, dans l'usage français, mettre le point abréviatif. L'usage anglais n'est pas le même : *Mister* est abrégé en *Mr.;* recourir à cette abréviation dans un texte français est commettre un anglicisme et donner la preuve que l'on ignore le système français d'abréviation.

   b. En revanche, on se servira du point dans les cas où le mot est tronqué : *conf.* et *cf.* pour *confer, M.* pour *Monsieur, MM..* pour *Messieurs, id..* pour *idem, ib..* pour *ibidem, etc.* pour *et cétéra.*

   c. On ne recourt pas au point d'abréviation lorsqu'il s'agit d'un symbole. C'est le cas de toutes les unités de mesure : *m* pour *mètre* (de même que *mm, cm, dm, hm, km*); *g* pour *gramme, F* pour *franc, h* pour *heure;* de même pour les symboles chimiques ou physiques : *Ag* pour *argent, H* pour *hydrogène, Fe* pour *fer,* etc.; *M* pour *masse, V* pour *vitesse.*

d. On cesse de recourir au point abréviatif lorsque le mot tronqué est également employé dans la langue orale : *prof* pour *professeur, math* pour *mathématiques, télé* pour *télévision, cinéma, ciné* pour *cinématographe, pneu* pour *pneumatique, vélo* pour *vélocipède,* etc.

2. Il arrive fréquemment que, *par discrétion,* l'on abrège un nom propre en appliquant le principe du point d'abréviation :

> Hier soir, S. est intervenue de nouveau au cours de la leçon qu'elle m'avait demandé de donner à Jean. GIDE, *Journal,* p. 566.

Le même écrit, p. 372 :

> À 5 heures, j'ai été rejoindre A.B., rue T.; A.B. travaille autour de lui, à faire l'opinion.

VIII
LES POINTS

1. Outre leur valeur de signes mélodiques, les points de suspension peuvent faire concurrence au point d'abréviation.
   Tel auteur, dans un même ouvrage emploie tantôt une méthode, tantôt l'autre :

   > C'est à Montmartre, rue V... GIDE, *Journal*, p. 330.
   > Mme X... (*ib.* p. 262). Mlle X. (ib., p. 692).
   > La petite Lucienne B... MONTHERLANT, *Essais*, p. 1204.

2. En nombre supérieur à trois : une ligne, parfois plusieurs lignes de points de suspension avertissent le lecteur de circonstances diverses :
   - un long temps s'écoule entre la fin du paragraphe qui précède et le début de celui qui suit;
   - un certain temps s'écoule, que les personnages mettent à profit pour se livrer à des exercices que l'auteur juge bon de ne pas rapporter en détail. Cet usage était fréquent dans les romans de mœurs de Marcel Prévost, par exemple.

3. Les points de suspension sont assez souvent l'expression de la pudeur d'un auteur qui feint de n'oser écrire ce que disent ses personnages :

   > — Allez-vous me f... la paix ?

4. Les points de suspension peuvent servir, tel un point d'orgue, à prolonger l'effet d'une interjection, d'une onomatopée :

   > Mais l'appartement de l'ami était meublé avec un tel mauvais goût... brrr... MONTHERLANT, *Essais*, p. 1041.

5. Les *points de conduite,* dans les index et les tables de matière, aident l'œil du lecteur à ne pas perdre la ligne :

   Le carnaval noir (1925) 349
   Pour l'amusement des petits garçons (1927) 355
   Un compagnon est un maître (1927) 362
   Id., *ib.*, p. 1600.

On peut considérer comme signes d'appel également les combinaisons dont nous avons parlé [...] et (...) qui marquent qu'un passage a été omis ou qu'il manque.

IX
AUTRES SIGNES D'APPEL

Pour marquer la pause qui sépare deux paragraphes, nous avons vu le recours au signe paragraphe, à l'interligne, au renfoncement, aux tirets, aux astérisques diversement disposés.

Par souci d'esthétique, souvent aussi par nécessité, les éditeurs ont recours à divers signes, surtout pour la mise en évidence de divisions particulières assez souvent subordonnées les unes aux autres.

1. Citons en premier lieu les signes traditionnels qui sont sur la voie de l'oubli ou de l'étroite spécialisation :

   Le pied de mouche (¶) qui convenait pour marquer le passage d'une œuvre courte à une suivante. Ce signe convient particulièrement pour la présentation de maximes, de pensées : certaines éditions récentes des *Caractères* de LA BRUYÈRE y recourent encore.

   Dans les livres liturgiques existent des signes pour indiquer les *versets* (un V barré) et les *répons* (un R barré).

2. La *croix* est encore employée dans le *Littré* pour marquer tous les mots du dictionnaire qui ne figurent pas dans celui de l'Académie française : † **Noircissement**, s.m. Action de noircir.

Aujourd'hui, ce signe est généralement employé devant une date, pour indiquer la mort d'une personne.

3. La *double barre verticale* est sollicitée par Littré, Robert et d'autres pour distinguer les différents sens des mots :

   soûl, soûle, adjectif.
   || 1° Vieux. Qui a mangé et bu à satiété.
   || 2° (XVIe siècle). Populaire Gorgé de vin, ivre.

4. Toujours dans le même souci de marquer clairement la hiérarchie des divisions et subdivisions, nous notons le recours à des signes de forme géométrique : *losanges, carrés, cercles.*

   Le *Grand Larousse de la langue française* utilise à des fins parallèles un losange plein couché [◆]; le *Lexis* de même.

   Dans le monumental *Trésor de la langue française,* la subdivision des articles s'opère par le recours successif aux chiffres romains, aux lettres capitales, aux chiffres arabes, aux lettres minuscules, mais aussi aux tirets et à une sorte de gros point rond [•] :

   Chaque article se termine, en outre, par des notes documentaires (prononciation, étymologie, histoire, statistique, bibliographie) introduites par un signe particulier, deux losanges verticaux vides : [◇ ◇].

   Des éditeurs modernes usent et abusent de signes d'appel comme le carré plein [■] et le cercle plein [●].

5. La *barre oblique,* indépendamment de son emploi par paires pour encadrer certaines notations, est utilisée

   a. Pour traduire une *relation* ou une *commutation :*

   Plus rarement, le suffixe est commutable :

canonial/canonique	paternel/paternité
confédéral/confédération	pluvial/pluvieux

   (*Trésor de la langue française.*)

   Démarcation Thème/Prédicat
   Grand Larousse de la langue française, vol. V, p. 4456.

   b. Pour marquer le passage d'un vers ou d'un verset au suivant lorsque l'on ne respecte pas la disposition typographique originale :

   «… cette demeure bien fermée de la parabole/Où le père de famille à l'importun qui frappe dans la nuit pour demander trois pains/Répond qu'il repose avec ses enfants, profond et sourd.»
   CLAUDEL, *Journal,* p. 1055.

Usages déconseillés

a. Les différents théoriciens de l'écriture et de la typographie déconseillent l'emploi de la barre oblique pour représenter la préposition *sur :*

«Nogent/Marne» pour Nogent-sur-Marne

À proscrire énergiquement la représentation de la préposition *sous* par la même barre oblique : *La Ferté-sous-Jouarre* et jamais «La Ferté/Jouarre»!

b. On évitera, dans un texte rédigé, de recourir à cette barre pour séparer les composantes d'une date. On notera, si l'on veut abréger : *29.6.1912* ou *29.06.1912,* voire *29.06.12,* mais non «29/6/1912.»

Il arrive cependant à CLAUDEL de le faire :

> X. a vu F. l'air profondément triste qui la regardait avec attention (15/6). *Journal*, p. 508.

6. La flèche. On observe aussi (dans le *Lexis*, notamment) le recours à un signe qui figure une flèche [→] et qui remplace «voir» ou l'abréviation cf. Cela n'est pas sans rappeler un ancien signe que les typographes nommaient une main parce qu'elle figurait un index montrant une direction.

7. *Les signes mathématiques* n'entrent en littérature qu'à titre exceptionnel.

Sont exclus, pour équivoque fatale, les signes [×] et [:].

Le signe *moins* se confondrait aussi avec le tiret (que d'ailleurs les typographes appellent «moins») et parfois avec le trait.

Le signe *plus* [+] n'apparaît guère que dans des notes manuscrites rapides, de même que la combinaison [±] qui se lit *plus ou moins.*

En revanche, le signe [=], peut-être parce qu'il s'énonce par un verbe conjugué (*égale, égalent*) se trouve quelquefois :

> Le christianisme = l'opération intérieure. GIDE, *Journal*, p. 375.

BIBLIOGRAPHIE

I. *Ouvrages sur la ponctuation*

BRUN J. et DOPPAGNE, A., La *ponctuation et l'art d'écrire,* Bruxelles Baude, 1957.

COLIGNON Jean-Pierre, La *ponctuation, art et finesse,* Paris (chez l'auteur), 1975.

DAMOURETTE Jacques, *Traité moderne de ponctuation,* Paris, Larousse, 1939.

DOPPAGNE Albert, *La ponctuation française,* dans *Langue et Administration,* 1968-1970, pp. I-208-285.

DRILLON J., *Traité de la ponctuation française*, Paris, Gallimard, 1991.

GOURIOU C., *Mémento typographique,* Paris, Hachette, 1961.

LE GAL Étienne, *Apprenons à ponctuer,* Coll. Bibliothèque des chercheurs et des curieux, Paris, Delagrave, 1933.

SALVAT Michel, *La ponctuation.* État moderne de la ponctuation française dans le *Grand Larousse de la langue française,* vol. V, pp. 4454-4459. Paris, Larousse, 1976.

SENSINE Henri, *La ponctuation en français,* Paris, Payot, 1930.

II. *Auteurs cités*

Les exemples cités dans cet ouvrage ont été empruntés aux auteurs suivants, qui ont tous écrit au XXe siècle:

Hervé BAZIN, Michel BUTOR, Albert CAMUS, Louis-Ferdinand CÉLINE, Paul CLAUDEL, COLETTE, Marguerite DURAS, André GIDE, Armand LANOUX, André MALRAUX, Jean MARSAN, Henri DE MONTHERLANT, Gaétan PICON, Marcel PROUST, Jules RENARD, Alain ROBBE-GRILLET, André ROUSSIN, Antoine DE SAINT-EXUPÉRY.

Des exemples non littéraires ont été choisis dans des ouvrages de:

Albert DAUZAT (et collaborateurs), Jean DUBOIS (et collaborateurs), Maurice GREVISSE, Joseph HANSE (et collaborateurs), Paul IMBS (et collaborateurs), Élisée LEGROS, Régine PERNOUD, Raymond QUENEAU, Paul ROBERT (et collaborateurs), Paul VAN TIEGHEM.

Pour les exemples de CAMUS, CLAUDEL, GIDE, MALRAUX, MONTHERLANT, PROUST et SAINT-EXUPÉRY, les références sont faites, sauf indication contraire, aux volumes de la Pléiade.

TABLE DES MATIÈRES